KB174963

한국 지방자치의 현주소와 개혁 과제

한 국
지방자치의
현 주 소 와
개 혁 과 제

김종갑 지음

경인문화사

2021년 전부개정된 「지방자치법」은 광범위한 영역에 걸쳐 지방자치의 제도 운영과 방향을 제시하였다. 그동안 지방자치단체 기관구성 형태의 자율화, 의회 운영의 독립성, 의정활동의 투명성 등과 관련하여 학계 전문가와 연구자들이 개선 필요성을 인식하고 대안을 궁구해 왔던 주제들이기도 하다.

「지방자치법」 전부개정으로 지방의회는 주민 중심의 지방자치와 분권의 가치를 확립할 수 있는 계기를 마련하였다고 할 수 있다. 그러나 주민 중심의 지방자치와 분권이 지방정치 현실에서 어떻게 구체화될 수 있는지 실행 가능성을 면밀히 따져볼 필요가 있다. 「지방자치법」 제·개정 내용이 어떤 부분에 주안점을 두어야 하는지 또, 어떤 부분과 연계될 때 실효성을 보일 수 있는지도 분석해 보아야 한다.

우리의 지방자치가 걸어온 길을 돌아보면 역대 지방의회는 중앙정치의 예속화로 점철되었다. 지방의회의 정당체제는 중앙정치의 양당 구도를 답습하였다. 중앙정치의 양당 지배구도는 지방의회에서도 그대로 재현되었다. 양당 중심의 정당체제 하에서 정당의 다양성이나 자율성은 미흡한 수준이었다. 지방의 정당은 중앙정치의 영향에 갇혀 자율성을 제약받았다.

우리 사회에는 정당의 다양성 강화를 부정적으로 인식하는 시각이 존재한다. 정당이 많아지면 정국이 혼란해져 정당정치가 제대로 작동하지 않는다는 것이다. 그러나 그것은 정당의 다양성 강화를 정당 난립과 동일시하는 오류에 기인한다.

지방의회의 정당 다양성 강화가 부정적으로 인식되어서는 안 된다. 오히려 특정 정당이 독점하거나 양당이 지배하는 경직된 정당체제가 아닌 다양한 정당이 경쟁하는 다당체제는 주민자치와 분권의 가치를 확산하고 강화하는데 기여한다. 주민의 의사는 정당을 통해 의회에 대표되고, 그 과정에서 갈등적 쟁점들이 조율되고 합의에 도달할 수 있다.

거대 양당체제의 공고화는 지방의회에 주어진 주민의 의사와 이익을 대표하고, 집행기관에 대한 견제·감시의 역할을 수행하는데 커다란 걸림돌이 된다. 정당체제의 폐쇄성, 민의표출의 제약, 의회의 대집행부 견제 기능의 경직성은 현행 지방자치의 현주소라고 할 수 있다. 지방자치는 주민 생활과 가장 밀착된 영역에서 민주주의를 실현하는 원리이다. 다원적 지방자치가 온전히 작동할 때 비로소 사회구성원 간 조화 속에서 분권과 자주행정이 실현될 수 있다. 세대, 이념, 젠더, 지역, 계층 등 다양한 균열(cleavage)이 통합·조정될 때 다원화된 지방자치의 착근이 가능하게 된다. 거대 양당의 대결구도는 양극화를 심화시키고 분열과 대립의 진영정치를 가속화한다. 따라서 대표성과 비례성을 높이는 개혁을 단행하지 않고는 진정한 지방자치의 착근은 불가능하다.

이 책은 총 5장으로 구성되었다. 제1장에서는 2022년 「지방자치법」 전면개정이 담고 있는 내용과 의미를 분석한다. 또한 지방자치단체 자치법규의 유형과 제정 절차, 그리고 지방의회조직으로서 상임위원회와 전문위원제도, 의회사무기구를 살펴본다.

제2장은 광역의회 상임위원회 위원장 배분의 개선방안을 제시한다. 현행 최다득표제는 명확한 근거규정이 부재할 뿐만 아니라 거대 정당에 위원장 배분이 집중되도록 한다. 이에 의회 다양성에 기초한 합리적 배분산식을 제시하고 시뮬레이션 분석을 통해 효과를 검증한다.

제3장에서는 지방자치단체 기관구성의 자율화가 단점정부, 즉 단체장과 의회 다수당의 소속 정당이 같은 경우가 많은 현실에서 어떤 의미를 갖는지 살펴보고 대안적 방법을 모색한다.

제4장에서는 현행 광역단체장과 기초단체장 선출방식을 둘러싸고 제기되는 대표성 문제를 살펴보고, 당선인의 대표성을 높일 수 있는 개선방안을 모색한다. 개선방안 모색에 있어서 대표성도 중요한 기준

이지만 투표방식의 용이성과 적실성은 물론, 무엇보다 유권자의 선호 표출을 최대화할 수 있는 투표방식이 바람직할 것이다.

제5장에서는 2022년 실시된 지방의회의원 선거 결과에서 나타난 거대 양당의 의석 독점과 낮은 정당 다양성에 대한 해법을 도출한다. 또한 다당체제 정착과 소수정당 활성화를 위해 예산, 인력, 제도 등 다양한 측면에서 다당체제 정착 및 소수정당 활성화 방안을 모색한다.

마지막 제6장에서는 광역의회의원선거에 적용될 선거제도를 디자인한다. 새로운 선거제도는 비례성을 높이면서 여야 간 합의 가능성을 높일 수 있는 방식이어야한다. 개선방안으로 제시되는 권역별 복합형 비례대표제의 단계별 의석배분 과정을 정교하게 서술하고, 시뮬레이션 분석을 통해 제도 효과를 살펴본다.

| 차 례 |

PART 1
지방의회의
권한 및 조직

1. 2022년 「지방자치법」 전면개정

현행 「지방자치법」은 2021년 1월 12일 전부 개정되어 2022년 1월 13일부터 시행되었다. 개정된 「지방자치법」은 주민자치 보장과 의회 기능 강화 및 자율화, 자치입법 역량 확대, 의정활동 투명성 제고의 취지에서 이루어졌다. 그에 따라 개정 「지방자치법」은 주민의 자치법규 개·폐 청구권 보장, 주민 감사청구 제도 개선을 비롯해 지방의회 정책지원 인력 확충, 지방자치단체의 기관구성 다양화, 기관구성 변경 시 주민 의사 반영 등 주민의 권리 강화와 주민 중심의 지방자치를 구현하는 법제 발전을 핵심 내용으로 한다.

또한 2021년 「지방자치법」 전부개정으로 '법령 우위의 원칙'을 명확히 규정하고 의정활동의 책임성과 신뢰성 제고를 위해 기록표결제 시행 원칙의 도입, 의원 겸직금지 명문화, 윤리심사자문위원회 설치 등의 관련 법제를 정비하였다.

〈표 1〉 2022년 「지방자치법」 핵심 내용

	개정 내용	조문	비고
주민자치 보장	주민의 조례 개폐 청구권 보장	제19조	별도 법률 제정
	주민의 규칙 제정 및 개폐 의견 제출	제20조	
	주민감사청구인수 및 청구기준연령 하향	제21조	
지방의회 기능 강화 및 자율화	지자체 특성에 맞게 지방의회 관련 사항 자율 규정	제5장	-
	의원의 정책지원 전문인력 도입	제41조	-
	지방자치단체의 장 선임방법 및 지방자치단체 기관구성 자율화, 기관구성 변경 시 주민투표로 결정	제4조	-
자치입법 강화	법령에서 조례로 위임한 사항에 대해 하위법령의 내용·범위 제한 금지	제28조 제2항	법령 우위의 원칙
의정활동 투명성 및 책임성 확대	기록표결제도 원칙 도입	제74조	-
	지방의원 겸직 금지 명문화	제43조	-
	윤리심사자문위원회 설치	제66조	-

우리나라 지방자치의 역사는 도입기, 중단기, 부활·발전기로 구분할 수 있다. 도입기는 대한민국 정부가 수립된 1948년부터 1960년 제3차 지방선거까지, 중단기는 1961년 지방의회가 해산되고 1991년 지방선거가 재실시되기 까지이다. 부활·발전기는 1991년 이후가 해당된다.

광역자치단체와 기초자치단체의 2계층 체제 하에서 서울특별시·도와 시·광역단체는 서울특별시·도에서 특별시·직할시·도를 거쳐 특별시·광역시·도로 변화하였고, 기초자치단체는 시·읍·면에서 시·군을 거쳐 시·군·자치구로 개편되었다. 기관구성 형태는 기관대립형에서 출발하여 기관통합형을 채택·운영하다가 다시 기관대립형이 부활되었다.

자치단체장 선출은 도입기를 1~3기로 구분했을 때 1기는 임명제/

간선제, 2기는 임명제/직선제, 3기는 주민직선제를 운영했다. 중단기에는 임명제, 부활·발전기에는 1995년부터 2014년까지 주민직선 방식을 운영했다.

의원 선출은 1952년부터 1960년까지 주민직선, 중단기에는 폐지되었다가 1987년 민주화 이후 1991년부터 다시 직선제가 재실시되었다.

〈표 2〉 우리나라 지방자치제도의 변천과정

	도입기(1948-1960)	중단기(1961-1990)	부활발전기(1991~현재)
자치단체 종류	광역: 서울특별시·도 기초: 시·읍·면	광역: 서울특별시·직할시·도 기초: 시·군	광역: 특별시·광역시(특별자치시)·도(특별자치도) 기초: 시·군·자치구
기관구성	기관대립형 (지방의회+집행기관)	기관통합형 지방의회 폐지	기관대립형 (지방의회+집행기관)
단체장선출	1951: 임명제/간선제 1956: 임명제/직선제 1960: 직선제	임명제	1995~2014: 직선제
의원선출	1952~1960: 직선제	의회 폐지	1991~2014: 직선제

자료) 행정안전부 국가기록원(https://theme.archives.go.kr/next/localSelf/process.do)

2. 지방의회의 기능과 권한

지방의회는 주민의 직접 선거에 의해 선출된 의원으로 구성된 지방자치단체의 최종 의사 결정 기관이다. 지방의회는 지방자치단체의 의사를 결정하고, 자치 운영에 주도적으로 참여하는 권한을 갖는다.

지방의회의 주요 기능은 주민대표기능, 의결기능, 입법기능, 행정감시기능으로 구분할 수 있다.

주민대표기능은 주민을 대신하여 자치단체의 중요 의사를 심의·결정하는 기능이다. 의결기능은 중요한 사항에 대한 자치단체의 의사를 최종적으로 결정하는 기능을 말한다. 입법기능은 자치단체의 법률인 조례의 제정 및 개폐와 관련한 기능이다. 그리고 행정감시 기능은 자치단체의 행정 집행을 감시하고 확인하는 기능이다. 예컨대, 행정사무 감사 및 행정사무 중 특정 사안에 관하여 사실 조사 및 시정 요구, 조사·동의·승인과 관계 공무원의 출석 요구 기능, 중요재산의 취득·처분 및 공공시설의 설치·관리·처분 등에 관한 기능을 말한다. 이러한 기능들은 주민에 의해 선출된 대표가 의회정치에 참여하는 이른바, 대의민주주의의 주요 기능이라 할 수 있다.

가. 지방자치단체의 입법권

자치입법권에는 지방자치단체가 법령의 범위 안에서 그 사무에 관하여 조례를 제정하는 권한인 조례제정권과 지방자치단체의 장이 법령 또는 조례가 위임한 범위 안에서 그 권한에 속하는 사무에 관하여 규칙을 제정하는 권한인 규칙제정권이 있다.

「지방자치법」 제28조에 의하면 지방자치단체는 법령의 범위에서 즉, 법령에 어긋나지 않는 범위에서 그 사무에 관하여 조례를 제정할 수 있다. 「지방자치법」 제28조제1항은 지방자치단체의 조례 제정권을 인정하면서 주민의 권리 제한이나 의무 부과에 관한 사항 또는 벌칙 제정의 경우 법률의 위임이 있어야 한다고 규정하고 있다. 이에 따라 주민의 권리 제한이나 의무 부과 및 벌칙을 내용으로 하는 조례는 관계 법률에서 명시적인 위임근거를 마련해야 한다.

지방자치단체가 조례로 제정할 수 있는 사무에는 자치사무와 단체위임사무가 해당된다. 자치사무는 주민복리 등 지방자치단체가 자기 책임 하에 처리하는 고유사무이고, 단체위임사무는 법령에 의해 '자치단체'에 위임된 사무를 말한다. 국가사무인 기관위임사무는 법령에 의해 '단체장'에게 위임되지 않으면 조례로 제정할 수 없다. 자치사무와 단체위임사무는 행정사무조사의 대상이 된다.

:: **상임위원회와 특별위원회의 차이점**
* 상임위원회는 의회의 일상적인 사항을 심사하기 위해서 상설로 설치하는 분야별 위원회인 반면, 특별위원회는 일시적이고 전문적인 특정 안건을 심사 처리하기 위하여 설치하는 위원회이다.
* 상임위원회는 조례에 의해 설치·운영되는 반면, 특별위원회는 본회의 의결로 한시적으로 구성된다.

자치법규는 법령의 범위에서 지방자치단체가 제정하는 규정을 말한다. 협의의 자치법규는 일반적으로 조례와 규칙을 의미하지만, 넓은 의미에서 훈령과 예고까지 포함하기도 한다. 조례는 지역주민을 대표하는 의회가 제정한다는 점에서 지방자치단체장이 제정하는 규칙보다 주민대표성의 측면에서 더 본질적인 의미를 갖는다고 할 수 있다.

지방자치단체의 법규를 유형별로 보면 조례가 가장 높은 비중을 차지한다. 전체 자치법규 중 조례는 112,368건으로 71%를 차지한다. 그 다음으로 규칙이 27,547건으로 17%를 차지한다. 행정규칙인 훈령과 예고는 각각 10%와 2%에 불과하다.

　전국 17개 광역시도 중 가장 많은 자치법규를 보유한 시도는 경기도이다. 경기도는 전체 법규 159,169건의 15%에 해당하는 23,756건을 보유하고 있다. 경기도 다음으로 전라남도가 15,702건으로 두 번째로 많은 법규를 갖고 있고, 서울 14,778건, 경북 13,719건 등의 순으로 나타난다. 법규가 가장 적은 지역은 세종특별자치시로 932건으로 전체 법규 중 1%에 불과하다. 그 다음으로 적은 시도는 제주도, 제주특별자치도, 대전광역시, 울산광역시 등의 순이다.

〈표 3〉 광역지자체별 자치법규 현황(2024.1.)

	자치법규		행정규칙		계
	조례	규칙	훈령	예고	
서울특별시	10,544	2,950	977	307	14,778
부산광역시	6,315	1,447	1,044	413	9,219
대구광역시	3,827	949	614	326	5,716
인천광역시	4,443	1,150	548	215	6,356
광주광역시	3,186	682	527	234	4,629
대전광역시	2,706	577	448	59	3,790
울산광역시	2,495	589	371	70	3,525
세종특별자치시	717	117	80	18	932
경기도	17,094	4,191	1,894	577	23,756
강원특별자치도	8,425	2,218	1,300	251	12,194
충청북도	5,671	1,300	765	167	7,903
충청남도	8,364	1,891	1,130	280	11,665
전북특별자치도	7,447	1,726	1,139	215	10,527
전라남도	11,408	2,552	1,477	265	15,702

	자치법규		행정규칙		계
	조례	규칙	훈령	예고	
경상북도	9,317	2,517	1,638	247	13,719
경상남도	8,816	2,144	1,142	212	12,314
제주도	564	356	163	10	1,093
제주특별자치도	1,029	191	87	44	1,351
계	112,368	27,547	15,344	3,910	159,169

주) 제주도는 2006.7.1. 제주특별자치도로 개편되기 이전 시기를 말한다.
자료) 자치법규정보시스템. https://www.elis.go.kr/sysinfo/alrStatList

나. 조례의 유형 및 조례 제정 절차

「지방자치법」 제9조제1항에 따르면 지방자치단체는 관할 구역 내 '자치사무'와 '법령에 의해 지방자치단체에 속하는 사무'를 처리한다. 여기서 '자치사무'는 「헌법」 제117조제1항에서 규정하고 있는 '주민의 복리에 관한 사무의 처리와 재산의 관리'이고, '법령에 따라 지방자치단체에 속하는 사무'가 단체위임사무이다.

자치조례는 지방자치단체가 법령의 근거 없이 지방자치단체의 소관 사무에 대하여 규율하는 조례를 말한다. 자치조례와 달리 위임조례는 법령에서 위임하는 사항을 지방자치단체가 의무적으로 규정하여야 하는 조례를 말한다. 위임조례는 법령이 위임하는 범위를 벗어나지 않고, 조례의 파급효과가 법령과 상충하지 않아야 한다.

지방의회가 고유의 자치사무를 발굴하여 주민의 복리증진을 위한 조례를 제정하는 것은 지방의회의 순기능에 부합한다. 따라서 자치사무가 지방자치단체의 전체 사무 중 어느 정도의 비중을 차지하는가에 따라 자치입법의 자율성을 가늠해 볼 수 있다.

지방자치단체의 장이 발의하는 조례안의 입법절차는 우선, 조례안의 소관부서에서 입법계획(입법방침)을 수립하고 관계기관과 협의하여 입법안에 대하여 규제심사·부패영향평가·성별영향평가 등을 거친다. 그 다음, 입법예고를 실시하여 주민의 의견을 수렴하고 법제심사를 거쳐 조례규칙심의위원회에 상정하여 심사를 받는다.

〈그림 1〉 자치법규 제정 절차

지방자치단체의 장 발의

① 조례안 입안	② 사전승인·협의, 관계부서 협의	③ 입법예고
④ 규제심사	⑤ 법무부서 심사	⑥ 조례·규칙심의위원회 의결
⑦ 조례안 공고·의회 제출	⑧ 조례안 예고	⑨ 조례안 심의·의결
⑩ 조례안 이송 (의장→단체장)	⑪ (필요시 제의요구→ 재의결→대법원 제소)	⑫ 조례안 사전보고 및 공포

* 규칙 입법절차는 ① ~ ⑥ → ⑫, 주민조례청구안의 경우 ⑥ ~ ⑫

지방의회 의원 발의

① 조례안 입안	② 의장에게 제출	③ 조례안 예고
④ 조례안 심의·의결	⑤ 조례안 이송 (의장→단체장)	⑥ (필요시 재의요구→ 재의결→대법원 제소)
⑦ 조례안 사전보고 및 공포		

의원이 발의하는 조례안의 경우 일정 요건[01]을 충족하여 발의가 되면 바로 소관 위원회에 회부된다. 의원발의안은 지방자치단체의 장이 발의하는 조례안과 달리 입법계획 수립, 규제심사·부패영향평가·성별영향평가 등 집행부 내부 심사, 조례·규칙심의회의 심사 과정을 거치지 않는다.

의원 발의 조례안은 소관 위원회의 심사를 거친 후 본회의에서 심의 후 의결된 조례안은 다시 집행부로 이송된다. 조례안은 조례·규칙심의회의 심의를 거친 후 상급기관에 사전보고를 하고, 상급기관은 재의요구 지시 여부를 결정한다. 재의요구가 없으면 조례안은 공포되어 효력이 발생한다.

3. 지방의회의 조직

가. 상임위원회와 전문위원제도

「지방자치법」 제64조에 따라 지방의회는 상임위원회를 설치하여 소관 의안과 청원 등을 심사·처리한다. 지방의회에 상임위원회를 두도록 한 것은 지방의회 운영의 능률과 전문성을 높여 지방의회의 부담을 완화하기 위한 취지이다. 지방의회 의원이 모든 안건을 심의하는 것은 현실적으로 어렵기 때문에 각 상임위원회별로 소관 사항을 심도

---

01 위원회 또는 재적의원 5분의 1 이상 또는 의원 10인 이상의 찬성을 요한다.

있게 심사하여 본회의 상정 여부를 결정하는 예비심사를 하는 것이다.

또한 지방의회에는 국회의 전문위원제도를 참조하여 지방의원의 의안심사와 처리 등 입법 과정에 전문적인 보좌를 하기 위해 전문위원을 두고 있다(「지방자치법」 제68조). 전문위원의 주된 업무는 위원회에 회부된 조례 등 안건의 예비검토로서 안건의 제안이유, 문제점, 타당성 등을 사전에 검토하고 위원회가 제안하는 안건과 위원회 활동 계획서 및 결과보고서의 초안 작성을 담당한다.

나. 의회사무기구

지방의회는 의회의 사무를 처리하고 의원들의 의정활동을 지원하기 위하여 「지방자치법」 제102조에 의하여 시도의회에는 조례로 정하는 바에 의하여 사무처를, 시·군 및 자치구의회에는 사무국 또는 사무과를 두고 있다. 예컨대, 의원 정수가 10인 이상인 시·자치구에는 사무국 을 두고, 군과 지방의회 의원 정수가 10인 미만인 시·자치구에는 의회사무과를 둔다(「지방자치단체의 행정기구와 정원기준 등에 관한 규정」 별표 4).

지방의회 사무기구는 의장의 지휘·감독을 받는 직속기구로서 행정사무뿐만 아니라 의정활동을 지원하는 지방의회의 핵심기관이라 할 수 있다.

2021년 「지방자치법」 개정으로 지방의회는 정책역량 강화를 위해 의정활동을 지원하는 정책지원 전문인력을 채용할 수 있다. 정책지원 전문인력의 명칭은 정책지원관으로 하며, 의원정수의 1/2 범위 이내로 한다(「지방자치법」 제41조제1항). 2022년에는 의원정수의 1/4, 2023년에는 의원정수의 1/2 범위에서 순차적으로 도입되었다(「지방자치법」 부칙 제6조). 전문위원은 상임위원회의 전문 보좌인력으로서 자치입법에 대한 지원을 목적으로 설치된 제도이다.

PART 2
광역의회 상임위원회 위원장 배분

지방의회 원 구성은 지방의회의 임기 4년을 2년씩 나눠 전반기와 후반기에 1번씩 진행된다. 의장과 부의장 선출은 「지방자치법」 제57조에 따라 지방의회의원 중에서 무기명투표로 선출된다. 그와 달리 「지방자치법」 상 상임위원장 선출에 관한 명문의 규정은 없다. 상임위원장은 임시의장 선거의 예에 준하여 본회의에서 상임위원 중에서 무기명투표로 선출된다.

위원회 중심주의를 채택하고 있는 우리의 경우, 상임위원회는 지방의회의 핵심 조직이라고 할 수 있다. 상임위원회의 위원장은 위원회를 대외적으로 대표하는 것을 넘어 소관 분야별 의안의 심사처리, 위원회 운영 및 질서유지, 의사정리, 사무감독 등의 중요한 역할을 담당한다.

다수 의석을 획득한 정당이 상임위원장직을 독점하는 현재의 방식에서는 항상 정당 간 갈등과 대립이 격화될 가능성이 높다. 선호하는 상임위원장을 둘러싸고 정당 간 공방은 소모적인 정쟁과 의회 교착을 초래할 수 있다. 따라서 현재 상임위원회 위원장 배분에 적용되는 의석수 기준 할당 방식보다 일정한 비례 산식을 적용하여 위원장 배분의 투명성과 합리성을 높일 필요가 있다.

배분 산식을 이용한 위원장 배분은 기초의회보다는 상대적으로 위

원회의 수가 많은 광역의회에 적용하는 것이 타당할 것이다.[01]

1. 위원장 배분 산식 유형

유럽 국가들이 의회 상임위원회 위원장 배분에 사용하고 있는 산식으로는 헤어식(Hare method), 셍뜨-라귀식(Sainte-Laguë method), 동트식(d'Hondt method)이 대표적이다.

헤어식은 개발자인 영국의 변호사 토마스 헤어(Thomas Hare)와 독일의 수학자 호르스트 니마이어(Horst Niemeyer)의 이름에서 유래하였다. 이 방식은 정당이 획득한 총 의석을 선출하는 위원장 수로 나눠 위원장 1명에 해당하는 의석수(헤어쿼터)를 구한 후, 이 쿼터(quota)로 개별 정당의 의석수를 나눈 값으로 위원장 수를 할당하는 방식이다. 쿼터로 나눈 값에서 정수 부분을 먼저 배분하고, 다 채워지지 않은 잔여의석은 소수점 이하 수가 큰 순서에 따라 순차적으로 할당한다. 따라서 헤어식은 최대잔여식(largest remainder method)으로도 불린다.

셍뜨-라귀식은 개발자인 프랑스 수학자 앙드레 셍뜨-라귀(André Sainte-Laguë)의 이름에서 유래하였고, 정당의 의석수를 1, 3, 5, 7 등으로 나누

---

01 2024.2. 현재 기초의회 226곳 중 상임위원회가 설치된 곳은 188곳이다. 이 중 위원회가 3개인 곳이 118곳(62.8%)으로 다수를 차지한다. 위원회가 4개인 곳은 29곳, 2개 22곳, 5개 9곳, 1개와 7개는 각각 1곳이다. 반면, 광역의회는 전체 15곳 중 위원회가 7개인 시도가 7곳으로 가장 많다. 5개는 3곳, 6개 2곳, 나머지 3곳은 각각 4개, 11개, 12개의 위원회가 있다.

어 몫(quotient)이 가장 큰 정당의 순으로 위원장을 배분하는 방식이다.

셍뜨-라귀식과 같은 최고평균식(highest average method)으로 분류되는 동트식은 나눔수를 1, 2, 3, 4 등으로 설정한다는 점만 다르다. 동트식은 1792년 미국의 제3대 대통령 토마스 제퍼슨(Thomas Jefferson)에 의해 처음 고안되었으며, 이후 1878년 벨기에 법학자 빅토르 동트(Victor d'Hondt)가 새롭게 정립한 방식이다. 동트식이 셍뜨-라귀식보다 더 보편적으로 사용되는 방식이다.

〈표 1〉 위원장 배분 적용 산식 유형[02]

	최대잔여식	최고평균식	
	헤어(해밀턴)	셍뜨-라귀(웹스터)	동트(제퍼슨)
쿼터 산출	S/C	-	-
몫 산출	-	$S/1+2C(C \geq 0)$	$S/1+C(C \geq 0)$

주) S: Seat, C: Chair

2. 산식별 시뮬레이션

교섭단체 구성요건을 갖춘 4개 정당에 이들 정당이 획득한 110석을 기초로 11개 상임위원회 위원장을 할당하는 방식은 〈표 2〉와 같다. 먼

[02] 위원장 배분 산식은 비례대표 의석배분방식으로도 사용된다. 비례대표 의석배분 방식은 셍뜨-라귀식, 헤어식, 동트식 외에도 셍뜨-라귀식의 변형으로 나눔수 첫째 자리를 1.4로 설정하는 스칸디나비아식, 나눔수를 1, 4, 7, 10 등으로 설정하는 덴마크식, 드룹쿼터(Droop-Quota) 방식의 하겐바흐-비숍식(Hagenbach-Bischoff method)이 있다.

저 헤어식을 적용하면, 총 의석 110석을 위원장 총수 10으로 나눈 몫에서 정수 부분을 먼저 A, B, C 각 정당에 4석, 2석, 1석을 배분한다. 여기에 정수를 제외한 소수점 이하 수가 큰 순으로 잔여의석 3석을 A당을 제외한 B, C, D당에 배분한다. 최종의석은 정수 부분과 잔여의석을 합산한 숫자로 A당: 4석, B당: 3석, C당: 2석, D당: 1석이 된다.

셍뜨-라귀식은 각 정당의 의석수를 1, 3, 5, 7 등으로 나눈 몫이 큰 순으로 위원장 수 10명에 이를 때까지 정당별로 배분하면 된다. 그 결과, A, B, C, D 각 정당에 4석, 3석, 2석, 1석이 돌아간다. 동트식에서는 나눔수를 1, 2, 3 등의 자연수로 설정하여 몫을 산출하면 된다. 동트식을 적용하면 A, B, C 각 정당에 5석, 3석, 2석이 배분된다.

셍뜨-라귀식과 동트식이 헤어식과 다른 점은 단순히 각 정당의 의석수만 비례배분하는 것이 아니라 선택 순위를 할당한다는 데 있다. 즉, 셍뜨-라귀식에서 A당이 얻은 4석은 위원장을 선택할 수 있는 순위를 의미한다. A당은 정당 중 가장 먼저 위원회 위원장직을 선택할 수 있고, 이어 네 번째, 다섯 번째, 여덟열 번째 위원장 선택의 기회를 갖는다. 마찬가지로 B당은 두 번째, 여섯 번째, 열 번째 선택권을 갖게 되며, C당은 세 번째, 아홉 번째 위원장 선택권을 부여받는다. D당은 일곱 번째 한번만 위원장을 선택할 수 있다. 동트식에서도 셍뜨-라귀식처럼 각 정당에 돌아가는 순위에 따라 위원장 선택의 우선권을 행사할 수 있다.

〈표 2〉 위원장 배분방식 적용사례

• 헤어식

정당	의석	쿼터 (총 의석/위원장수)	의석/쿼터	정수	소수점 이하 최대잔여수	계
A	50		4.5455	4	0	4
B	30	11.00 (110/10)	2.7273	2	1	3
C	20		1.8182	1	1	2
D	10		0.9091	0	1	1
계	110			7	3	10

• 셍뜨-라귀식

	A당	B당	C당	D당	계
	50	30	20	10	110
1	50.00①	30.00②	20.00③	10.00⑦	
3	16.67④	10.00⑥	6.67⑨	3.33	
5	10.00⑤	6.00⑩	4.00	2.00	
7	7.14⑧	4.29	2.86	1.43	
9	5.56	3.33	2.22	1.11	
11	4.55	2.73	1.82		
계	4	3	2	1	10

• 동트식

	A당	B당	C당	D당	계
	50	30	20		110
1	50.00①	30.00②	20.00④	10.0	
2	25.00③	15.00⑥	10.00⑩	5.00	
3	16.67⑤	10.00⑨	6.67	3.33	
4	12.50⑦	7.50	5.00	2.50	
5	10.00⑧	6.00	4.00	2.00	
6	8.33	5.00	3.33	1.67	
계	5	3	2	0	10

셍뜨-라귀식이나 동트식과 같은 최고평균식에서는 나눔수(divisor)로 의석수를 나눈 몫이 가장 큰 정당이 선호하는 위원회의 위원장을 선택할 수 있는 우선권을 갖는다. 그러나 특정 정당이 최다의석을 점유한 원내 제1당이라고 해서 위원장 선택 순위를 독점하지는 못한다. 즉, 최다의석 정당이 가장 먼저 위원장을 가져갈 위원회 선점 권한을 갖지만, 그렇다고 '모든' 상위 순위를 가져가지는 못한다. 소수정당이라도 거대정당보다 나눔수로 나눈 몫이 큰 경우 위원장을 선점할 수 있기 때문이다.

예컨대, 〈표 3〉의 셍뜨-라귀식에서 D당은 위원장 1석을 얻는데, 일곱 번째로 위원장 선점 기회를 갖게 되어 최다의석을 가진 A당(여덟 번째), B당(열 번째) C당(아홉 번째)보다 선점순위에서 앞선다. 또한 거대정당에 유리한 동트식을 적용해도 C당은 소수정당이지만 2석 중 1석은 네번 째 순위로 위원장을 선점할 수 있다.

헤어식은 순위 배분에 적용되는 방식은 아니다. 헤어식은 각 정당에 할당되는 의석 규모를 정하는데 사용되는 방식이기 때문에 각 위원회 위원장을 어떤 순서로 어떤 정당에 선택권을 부여할지 정하기 어렵다. 그에 비해 셍뜨-라귀식과 동트식을 적용하면 정당별 위원장 배분 순위는 물론 배분 총수를 동시에 정할 수 있다.

〈표 3〉은 헤어식을 비롯해 셍뜨-라귀식과 동트식을 적용한 위원장 비례할당과 순위 배분 결과를 나타낸다. 헤어식의 경우, 두 가지 방법으로 정당에 위원장을 배분할 수 있다. 우선, 정당별 의석 비례로 할당

의석을 정한 후 의석수가 많은 정당 순으로 위원장 배분 순위를 하나씩 순차적으로 부여하는 방법이다. 이 방법을 적용하면 의석수가 적은 정당도 위원장 선택에서 상위 순위를 배정받을 수 있다.

또 다른 방법은 정당별로 할당된 의석수만큼 위원장을 전부 선택할 수 있도록 하는 방법이다. 이 방법은 의석수가 적은 정당에게 가장 불리하다. 헤어식의 첫 번째 방법(Type A)을 적용하면 D당이 위원장을 선택할 수 있는 순위는 네 번째가 되지만, 두 번째 방법(Type B)에서는 맨 마지막 위원장을 선택할 수밖에 없다.

셍뜨-라귀식이나 동트식이 정당의 의석수를 일정한 나눔수를 순차적으로 나눈 몫이 큰 순으로 배분하는 것과 달리 헤어식은 정당별 할당의석 수만큼 위원장 수를 순차적으로 배분하거나 의석수가 많은 정당 순으로 위원장 선점순위를 한 명씩 배분한다.

이처럼 헤어식은 순위 배분에 정당간 의석수의 차이가 고려되지 않기 때문에 위원장 순위 배분 결과가 비례적일 수 없다. 각 정당에 할당된 위원장 수는 의석비율에 따라 비례 배분된 결과라 할 수 있지만 위원장 선점 순위 배분결과는 각 정당의 위원장 수에 비례하지 않는다. 따라서 헤어식은 할당된 위원장 수를 기준으로 보면 높은 비례성을 보이지만 위원장 선점 순위 배분으로 보면 셍뜨-라귀식이나 동트식보다 상대적으로 낮은 비례성을 보인다고 할 수 있다.

〈표 3〉 배분방식에 따른 위원장 비례할당 및 선점순위

- 헤어식

정당	비례할당	선점 순위(Type A)									
A	4	1				5			8		
B	3		2				6			9	
C	2			3				7			10
D	1				4						

정당	비례할당	선점 순위(Type B)									
A	4	1	2	3	4						
B	3					5	6	7			
C	2								8	9	
D	1										10

- 생뜨-라귀식

정당	비례할당	선점 순위									
A	4	1			4	5			8		
B	3		2				6				10
C	2			3						9	
D	1							7			

- 동트식

정당	비례할당	선점 순위									
A	5	1		3		5		7	8		
B	3		2				6			9	
C	2				4						10
D	0										

3. 개선방안

국회 회기 시작 때마다 반복되는 원 구성 지연 문제를 효과적으로 해결하기 위해서는 산식을 적용하여 상임위원장을 배분할 필요가 있다. 산식은 위원장 배분을 둘러싼 정당 간 갈등과 대립을 해소할 수 있는 대안이 될 수 있다.

위원장 배분은 단순히 개별 정당에 숫자만을 할당하는 것이 아니므로 헤어식과 같은 최대잔여식보다는 위원회 선점 순위를 결정하는 최고평균식이 바람직하다. 최고평균식 중에서도 동트식보다 비례성이 높은 셍뜨-라귀식이 유의미하다. 셍뜨-라귀식을 적용해야 원내 정당 간 위원장 배분의 비례성을 높일 수 있다.

다만, 기본적으로 산식 적용은 한계를 갖는다는 점을 인식해야 한다. 의석수를 기준으로 위원장 선택 순위를 결정하기 때문에 특정 상임위원회에 중요한 정책적 의미를 두거나 해당 분야의 전문가가 있는 교섭단체에 돌아가지 못할 수 있다(Kese 1993, 616). 따라서 산식을 적용하는 방법으로만 위원장 배분 문제를 해결하기보다 산식에 교섭단체 간 협의가 이루어지는 절차가 접목될 필요가 있다.

정당 간 협의와 산식 적용의 복합방식을 사용하고 있는 독일의 경우 원로회의에서 교섭단체 간 협의로 위원장 배분이 합의에 이르지 못하는 경우에 한해 산식을 적용한다. 다시 말해, 산식은 교섭단체 간 협의가 결렬되었을 때 해결책을 찾는 비상장치로서 기능한다.

PART 3
기관구성 형태와
의회 다양성

1. 지방자치단체 기관구성 형태 자율화

가. 현행 기관대립형 운영 방식

지방의회와 집행부에는 상호 견제와 감시 기능을 효과적으로 수행할 수 있는 권한 및 수단들이 부여된다.

지방의회는 행정사무 감사 및 조사, 조례안, 예산안 등 각종 의안에 대한 심의 및 의결, 단체장 또는 관계 공무원에 대한 출석·보고요구권, 지방의회 의장의 조례공포권, 자료요구권을 갖는다. 한편, 단체장은 의회의 견제와 감시 권한에 대응하는 권한으로서 의회소집 요구권, 재의요구권, 선결처분권, 법령 위반 재의결사안에 대한 대법원 제소권을 행사할 수 있다.

「지방자치법」 제114조에 따르면 지방자치단체장은 당해 지방자치단체의 사무를 총괄한다. 단체장은 관할사무의 관리하며 집행에 있어서 최종적 책임을 진다.「지방자치법」 제76조제1항은 "지방의회에서 의결할 의안은 지방자치단체의 장이나 조례로 정하는 수 이상의 지방의회 의원의 찬성으로 발의한다"라고 하여 집행기관인 단체장에게도 의안 발의권을 부여하고 있다.

「지방자치법」제142조제2항에 따라 지방의회는 예산 의결권을 갖지만 지방자치단체장은 지방의회의 의결에 대하여 재의를 요구할 수 있다. 지방의회의 의결이 법령에 위반되거나 공익을 현저하게 해친다고 판단되면 시·군 및 자치구에 대해서는 시도지사가 재의를 요구한다. 지방의회는 단체장의 동의 없이 지출예산을 증액하거나 새로운 비목을 설치할 수 없다. 단체장이 예산안 내용을 수정하기 위해서는 수정안을 다시 제출해야 한다.

지방의회가 조례를 제정하는 반면, 지방자치단체장은 규칙제정권을 갖는다. 「지방자치법」제30조는 시·군·구의 조례나 규칙이 시·도의 조례나 규칙을 위반해서는 안된다고 규정하고 있다. 이는 서로 독립적이고 별도의 정체성을 갖는 공법인(公法人)인 기초자치단체와 광역자치단체의 우열관계를 의미할 수 있어 보충성 원칙에 의한 기초단체의 권한 존중과 중복적이거나 경합적인 권한 행사시 기초자치단체를 우선하는 현행 「지방자치법」제14조제3항과 배치되는 내용이라 할 수 있다.

나. 기관구성 형태의 유형별 특징 및 현황

개정된 「지방자치법」에 따르면 지방자치단체가 주민투표로 자율적으로 기관구성 형태를 정할 수 있도록 하고 있다. 이는 자치분권의 관점에서 볼 때 모든 지방자치단체가 고유의 특성을 고려하지 않은 채 획일적으로 기관대립형을 운영하고 있어 자치분권의 바람직한 방향에 역행한다는 문제의식에서 나왔다.

현재 우리가 채택하고 있는 기관구성 형태는 지방자치단체의 의사결정과 집행이 각각 의회와 단체장에게 분리되어 있는 기관대립형이다. 기관대립형과 달리 기관통합형에서는 지방자치단체의 의결기능과 집행기능이 지방의회에 있다. 기관대립형과 기관통합형은 실제 운영에 있어서 다양한 하위유형으로 분류될 수 있다.

일반적으로 기관대립형의 장점은 행정의 전문성을 확보할 수 있고, 의회와 집행기관 간 이원적 정당성(dual legitimacy)에 기초한 '견제와 균형의 원리'를 구현할 수 있다는 데 있다. 그에 비해 기관통합형은 의회와 집행기관 간 갈등과 대립이 원천적으로 차단되므로 행정의 효율을 높일 수 있으나, 집행기관에 대한 의결기관의 견제와 감시가 이루어질 없는 한계를 보인다.

지방자치단체의 의결기관과 집행기관의 형태가 단순히 분리 또는 융합되었는가에 따라 그에 대한 장단점을 단정할 수는 없을 것이다. 의회와 집행기관 간 관계 외에도 기관구성의 세부 유형, 정당 간 의석 분포, 의회 및 단체장 선출방식, 권한 배분 등과 같은 다양한 요인들이 기관구성 형태의 성격과 특징을 규정짓는 요인으로 작용하기 때문이다. 우리의 경우 '순수한' 기관대립형도 아니다. 기관대립형을 표방하고 있지만, 실제로는 기관통합형의 요소를 일부 채택하고 있다. 지방자치단체장의 임시회 소집요구권과 의안제출권[01], 지방의회의 지방자

---

01 지방자치단체장은 자치행정에 관한 조례안, 예산안, 결산 등 일반 의안을 지방의회에 제출할 수 있다. 반대로 지방의회는 단체장이나 관계공무원의 출석·답변 요

치단체장 출석요구권은 기관통합형의 성격을 갖는 요소들이다.

다. 역대 지방자치단체의 단점정부 구성

지방자치단체의 기관구성 형태를 다양화해야 한다는 논거나 현행 기관대립형에 대한 주된 비판은 지방의회에 비해 단체장에 권한이 과도하게 집중된다는 것이다. 의회와 단체장 간 권한 배분의 불균형은 기관대립형의 장점인 의회과 집행기관 간 견제와 균형이 제대로 작동하지 못하게 한다. 특히, 단체장과 의회 다수당의 소속 정당이 같은 단점정부(unified government)가 출현할 경우 집행기관의 권한 남용에 대한 지방의회의 감시와 견제 기능이 무력화될 수 있다.

실제로 역대 지방정부에서는 지방의회의 다수당과 단체장의 소속 정당이 일치하는 단점정부가 빈번히 출현했다. 전국동시지방선거가 처음 실시된 1995년 이후 여덟 번의 선거에서 나타난 단점정부 구성 비율은 〈표 1〉과 같다.

광역의회는 2014년 선거를 제외하면 모두 80%가 넘었고, 1998년, 2002년, 2018년 선거의 경우 광역의회의 모든 지방자치단체에서 단점정부가 구성되었다. 기초의회의 경우 광역의회보다는 단점정부 구성 비율이 낮았지만 평균 70%에 육박할 정도로 높은 비율을 보였다. 기초의회의 경우 특징적인 점은 제4회와 제5회 선거에서는 원내 제3·4

구권(「지방자치법」 제41조, 제42조), 임시회 소집요구권(「지방자치법」 제45조제2항)을 갖는다.

당이 구성한 단점정부도 13곳에 이른다는 것이다. 제4회선거에서는 열린우리당의 단점정부 구성이 4곳, 제5회 선거에서는 자유선진당의 단점정부가 13곳 출현했다.

〈표 1〉 역대 지방선거 단점정부 구성

• 광역의회

	1995	1998	2002	2006	2010	2014	2018	2022
계	15	16	16	16	16	17	17	17
단점정부	13 (86.7%)	16 (100%)	16 (100%)	15 (93.8%)	14 (87.5%)	12 (70.6%)	17 (100%)	14 (82.4%)
정당	3 (민주자유당·민주당·자유민주연합)	3 (한나라당·새정치국민회의·자유민주연합)	3 (한나라당·새천년민주당·자민련)	3 (한나라당·민주당·열린우리당)	3 (한나라당·민주당·자유선진당)	2 (새누리당·새정치민주연합)	2 (자유한국당·더불어민주당)	2 (국민의힘·더불어민주당)

• 기초의회

	-	-	-	2006	2010	2014	2018	2022
계	-	-	-	230	230	227	226	226
단점정부	-	-	-	191 (83%)	136 (59.1%)	154 (67.8%)	164 (72.6%)	154 (68.1%)
정당	-	-	-	4 (한나라당·민주당·열린우리당·국민중심당)	4 (한나라당·민주당·자유선진당·민주노동당)	2 (새누리당·새정치민주연합)	2 (자유한국당·더불어민주당)	2 (국민의힘·더불어민주당)

자료) 중앙선거관리위원회 선거통계시스템.

　　역대 지방선거에서 단체장과 지방의회의 당적이 같은 단점정부 비율이 두드러졌다는 것은 거대 양당으로의 의석 집중에 따른 현상이지만 지역주의와도 밀접한 관련을 갖는다.

2022년 제8회 전국동시지방선거에서 더불어민주당의 단점정부는 전남과 전북에 집중되었다. 반면, 국민의힘은 대구, 경북, 부산, 경남, 강원에 집중되었다. 광주와 전남·북의 기초자치단체에서 국민의힘은 단 1곳에서도 단점정부를 구성하지 못했다. 반대로 경남·북, 대구, 부산 등에서는 더불어민주당의 단점정부는 단 1곳도 없었다.

〈표 2〉 2020년 지방의회선거 시도별·지역별 단점정부 구성 현황

	광역			기초		
	계	더불어민주당	국민의힘	계	더불어민주당	국민의힘
서울	1	0	1	25	7	9
부산	1	0	1	16	0	14
대구	1	0	1	8	0	8
인천	1	0	1	10	2	3
광주	1	0	0	5	5	0
대전	1	0	1	5	0	2
울산	1	0	1	5	0	3
세종	1	0	0	-	-	-
경기	1	1	0	31	10	6
강원	1	0	1	18	1	12
충청	1	0	0	11	0	7
충청	1	0	1	15	2	6
전북	1	1	0	14	10	0
전남	1	1	0	22	14	0
경북	1	0	0	23	0	20
경남	1	0	1	18	0	13
제주	1	1	0	-	-	-
계	17	4	10	226	51	103

자료) 중앙선거관리위원회 선거통계시스템.

다만, 거대 양당의 단점정부 구성이율 배타적인 지지기반을 갖는 영호남 지역에서 압도적이지 않다. 이는 무소속 단체장과 의원의 비율이 비교적 높았기 때문이다. 2022년 제8회 기초의회의원선거에서 무소속 단체장은 17명이었고, 무소속 의원의 수는 144명으로 집계된다. 이들 중 단체장은 94%, 의원은 87%가 전남·북과 경남·북에 집중되었다.[02]

2. 대안의 모색

가. 기관대립형 하의 연정: 독일 뮌헨시 사례

단체장의 소속 정당과 의회 다수당이 일치하는 단점정부 구성비율이 높다는 것은 기관대립형의 장점인 의회와 집행부 간 견제와 균형의 원리가 효율적으로 작동하기 어렵다는 것을 의미한다. 단점정부가 지방의회에서 과도하게 출현하면 의회는 지방정부의 정책과 행정을 견제하지 못하게 되고, 이는 여야 간 갈등과 대립을 격화시키고, 결국 정치 양극화를 심화시키는 요인이 된다.

독일 뮌헨(München) 시는 의회 구성과 시장 선출이 각각 독립적으로 이루어지는 기관대립형이면서 정당 간 연합에 의해 집행부의 분점이 이루어지는 연정을 실시하고 있다. 주민에 의해 직접 선출되는 수석시

---

02 제8회 기초자치단체장 선거에서 무소속후보 17명 중 16명은 전북 3명, 전남 7명, 경북 3명, 경남 3명이었고, 기초의회의원선거에서 무소속후보 144명 중 125명은 전북 24명, 전남 45명, 경북 38명, 경남 18명이었다.

장은 지방의회의 의장으로서 의결권을 가지는 동시에, 지방자치단체의 장으로서 지방행정을 총괄하고 대외적으로 시를 대표한다. 시장은 집행부의 수반으로서 시의회가 의결한 사항을 집행하지만 의회가 의결한 사항에 대해 거부권을 행사할 수 있다.

뮌헨시에는 수석시장을 보좌하는 제2시장(second mayor)과 제3시장(third mayor)이 존재한다. 이들은 수석시장의 직무 수행이 불가능할 경우 그 직을 대리한다. 그러나 이들은 단순히 수석시장을 보좌하고 대리하는 역할에 그치지 않고 의회 상임위원회 위원장과 시 집행부 실·국장을 겸한다(김종갑 2015).

〈그림 1〉 독일 뮌헨시 조직도

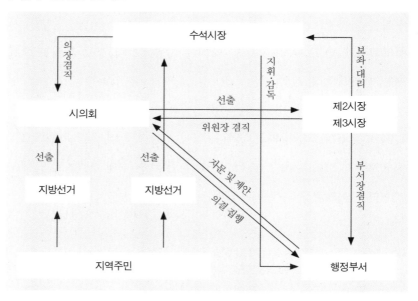

일반적으로 연립정부 구성은 의회의 다수당 대표가 집행기관의 수반을 겸하는 기관통합형에서 가능하다. 그러나 의회와 행정기관이 독립적으로 선출되는 기관대립형에서도 불가능한 것은 아니다. 기관대립형이라도 의회 의원이 집행기관의 직책을 겸할 수 있으면 연정이 작동하게 된다. 뮌헨시 사례와 같이 기관대립형의 구조 하에서도 야당의 의원을 선임하여 집행부의 부시장을 겸직할 수 있도록 하면 연정이 작동할 수 있다.

또한 부시장의 역할을 단순히 도지사의 보좌나 권한대행에 국한시키는 것이 아니라, 일반직 사무까지 총괄할 수 있도록 조례에 근거규정을 마련할 필요가 있다. 그러나 의원이 집행기관의 소관 부서장을 겸직하는 것은 현행 「지방자치법」상 어려움이 있다.[03] 의원의 부시장 겸직이 당장 실현되기 어렵다면 차선책으로 의회 상임위원장과 부시장 간 정책조율을 위한 유기적이며 상시적인 협력채널을 구축하는 방안도 검토해 볼 수 있다.

나. 기관구성 형태와 의회 다양성

의회가 집행기관을 구성하고 단체장을 선출하는 기관통합형의 경

---

03 「지방자치법」제35조(겸직등 금지) ① 지방의회 의원은 다음 각 호의 어느 하나에 해당하는 직을 겸할 수 없다. 1. 국회의원, 다른 지방의회의 의원 2. 헌법재판소 재판관, 각급 선거관리위원회 위원 3. 「국가공무원법」제2조에 규정된 국가공무원과 「지방공무원법」제2조에 규정된 지방공무원(「정당법」제22조에 따라 정당의 당원이 될 수 있는 교원은 제외한다)

우 분점정부(divided government)의 출현이 원천적으로 차단되기 때문에 집행기관의 정책추진의 동력을 확보하기 용이하다. 그러나 이러한 기관통합형이 안착하기 위해서는 중요한 전제조건이 있다. 바로 의회의 다양성이다. 의회 내 다양한 정당이 존재해야 이념과 정책을 공유하는 연립정부 구성이 순조롭게 이루어질 수 있다.

기관대립형에서도 연정이 뮌헨시 모델과 같이 안정적으로 유지되기 위해서는 의회의 다양성 강화가 요구된다. 우리와 같은 양당 중심의 정당체제 하에서는 제3당이 연정파트너로 등장하기 어렵기 때문에 권한 배분이나 정책협력의 갈등이 발생할 경우 연정이 파국으로 치달을 수 있다. 또한 연정 구성 후에도 대안세력이 미약하거나 부재하다면 연정의 안정적 운영과 실효성을 담보하기 어려울 수 있다. 그런 점에서 향후 지방자치단체가 주민투표를 통해 어떤 기관구성 형태를 결정할 것인지의 문제는 의회의 다양성 보장 여부가 중요한 기준으로 작용할 수 있을 것이다.

다. 주요국의 단체장 선출제도

1) 미국

지방자치단체장 선출방식은 세 가지 유형이 존재한다. 다수의 지자체가 채택하고 있는 유형은 '시장-의회형'으로 주민에 의해 선출된 의회와 시장이 상호 견제와 균형을 이루도록 하는 기관대립형이다.

'의회-시관리인형'은 주민이 선출한 의회가 시관리인을 임명하여 집행부의 장 역할을 수행하도록 하는 기관통합형이다. 일부 지방자치단체는 주민 직선으로 구성된 위원회가 입법과 행정을 총괄하는 '시위원회형'을 채택하고 있다.

2) 영국

대부분의 지방의회가 채택하고 있는 방식은 의회가 의원 중에서 리더를 선출하여 집행부를 구성하도록 하는 '리더-내각형'이다. 일부 지자체의 경우 직선 단체장이 의원을 지명하여 내각을 구성하는 시장-내각형을 채택하고 있다. 런던시가 대표적인 시장-내각형이다. 이밖에 주민 직선으로 구성된 지방의회가 집행위원회에 집행부의 권한을 위임하는 집행위원회형이 있다.

3) 독일

독일의 기관구성 형태는 통일 전과 후로 나뉜다. 통독(統獨) 전에는 이사회형, 시장형, 북독일의회형, 남독일의회형의 4가지 유형으로 분류된다. 이사회형은 단체장이 지방의회 의장을 겸임하는 유형이다. 그리고 시장형은 시장을 시의회에서 간선으로 선출하는 유형이다. 북독일의회형은 시의회에서 간선으로 선출된 시장이 지방의회 의장을 겸임하는 유형이고, 남독일의회형은 주민이 의회와 시장을 직접 선출하고 의회 간선으로 시장 외에 별도의 행정책임자를 두는 유형이다.

1990년 통일 후에는 대부분의 주에서 지방자치의 기관구성 형태가 남독일의회형을 따르는 경향을 나타냈다. 남독일의회형 도입 확대로 그동안 단체장을 간선제로 선출했으나 직선제로 변경한 주의 숫자가 대폭 확대되었다. 구(舊)동독의 5개 주(튀링엔, 브란덴부르크, 메클렌부르크-포어폼먼, 작센, 작센-안할트)를 비롯해 구(舊)서독에서는 헤센을 시작으로 바이에른, 라인란트-팔츠, 잘란트 등 4개 주가 남독일의회형을 도입하였다.

4) 일본

일본은 지방의회의원과 자치단체장을 직접 선출하는 기관대립형을 운영하고 있다. 의회가 집행기관의 부단체장 임명에 관여하는 방식으로 지방자치단체장의 권한을 분산시키는 유형이다.

2022년 전면개정된 「지방자치법」은 주민 참여 권한을 확대하고 주민의 의사가 지방의정에 적실성 있게 반영되도록 의회의 기능을 강화하는데 역점을 두고 있다고 할 수 있다. 이러한 「지방자치법」 제정 취지가 효과적으로 실현되려면 무엇보다 선거 및 정당제도의 뒷받침이 있어야 한다. 선거제도와 정당제도가 근간이 되지 않으면 법의 취지를 달성하는 것은 요원하다.

기관구성 형태를 결정하는 문제는 제도적 측면에서 얼마나 실현되고 있고, 어떤 부분이 보완 또는 개선되어야 하는지 살펴볼 필요가 있다. 기관구성은 선거제도와 정당제도의 변화로 나타나는 정당체제의 변동을 고려해 결정할 문제이다. 현재와 같은 양당 중심체계에서는 뮌헨시 모델을 고려해볼 수 있다. 다만, 궁극적으로 다당체제가 노정된다면 연정 구성이 용이한 기관통합형이 적극적으로 고려될 수 있을 것이다.

PART 4
단체장 선거와
대표성 제고

1. 역대 광역 및 기초단체장 선거 결과

2022년 광역의회 및 기초의회 단체장 선거에서 1위와 2위 득표자 간 득표 차이가 3% 미만인 지방자치단체는 전국적으로 35곳이다(〈그림 1〉). 시도별로는 서울 7곳, 인천 3곳, 대전 2곳(광역시 1, 기초 1), 경기 7곳(도 1, 기초 6), 강원 5곳, 충북 1곳, 충남 1곳, 전북 2곳, 전남 2곳, 경북 2곳, 경남 2곳, 대전광역시 1곳, 경기도 1곳이다. 2% 미만인 곳은 20곳, 1% 미만인 곳도 12곳이나 된다.

최소 득표차는 경기도 안산시장 선거의 0.07%로 득표수로는 181표에 불과했다. 경남 거제시장 선거에서도 0.43%(387표)의 득표율 차이로 당락이 결정됐다.

〈그림 1〉 제8회 지방자치단체장선거 1·2위 후보 간 득표차(%)

경기광역	민주 49.06 / 국힘 48.91
대전광역	민주 48.8 / 국힘 51.19
경남거제	민주 45.5 / 국힘 45.89
경남통영	민주 36.13 / 국힘 38.93
경북군위	민주 50.31 / 무 49.68
경북성주	민주 51.1 / 무 48.89
전남영광	민주 48.87 / 무 51.12
전남장흥	민주 45.15 / 무 42.82
전북고창	민주 49.72 / 무 47.28
전북임실	민주 43.14 / 무 44.17
충남아산	민주 49.43 / 국힘 50.56
충북증평	민주 43.18 / 국힘 41.38
강원철원	민주 35.05 / 국힘 36.74
강원횡성	민주 48.54 / 국힘 50.35
강원정선	민주 51.01 / 국힘 48.98
강원삼척	민주 35.05 / 국힘 36.74
강원춘천	민주 45.62 / 국힘 44.84
경기안성	민주 50.35 / 국힘 49.64
경기파주	민주 50.14 / 국힘 49.85
경기군포	민주 49.55 / 국힘 50.44
경기오산	민주 47.45 / 국힘 49.59
경기안산	민주 46.45 / 국힘 46.52
경기안양	민주 50.64 / 국힘 49.35
경기수원	민주 50.28 / 국힘 49.71
대전유성	민주 51.16 / 국힘 48.83
인천서구	민주 48.82 / 국힘 51.17
인천부평	민주 51.28 / 국힘 48.71
인천남동	민주 48.95 / 국힘 51.04
서울강서	민주 48.69 / 국힘 51.30
서울마포	민주 46.77 / 국힘 48.73
서울도봉	민주 48.77 / 국힘 50.45
서울강북	민주 49.74 / 국힘 49.41
서울성북	민주 50.26 / 국힘 49.73
서울광진	민주 48.79 / 국힘 51.20
서울중구	민주 49.59 / 국힘 50.40

■ 민주당　■ 국민의힘　■ 무소속

자료) 중앙선거관리위원회 선거통계시스템

한국 지방자치의 현주소와 개혁 과제

2. 결선투표제와 선호투표제

현행 단체장 선출방식은 1표라도 많은 득표를 한 후보가 당선되는 상대다수제 방식이다. 이 방식은 당선인 결정에 반영되지 못하고 버려지는 사표가 과다하게 발생하기 때문에 유권자의 다양한 집합적 선호를 충실히 반영한다고 보기 어렵다(허영 2012, 847).

상대다수제의 이러한 단점을 보완할 수 있는 방식이 결선투표제(Run-off voting)[01]이다. 결선투표제는 1차 투표에서 과반득표자가 없을 경우 2차 투표에서 최다득표자를 당선인으로 결정하므로 당선인의 대표성을 강화할 수 있다. 이처럼 결선투표제는 당선인의 대표성을 높이고, 또 후보 단일화를 제도화하는 장점을 보인다.

그러나 유권자의 입장에서는 처음 선택했던 후보자가 아닌 다른 후보자를 선택할 수밖에 없다는 점에서 유권자의 선택지를 실질적으로 넓혀준다고 보기 어려운 측면도 있다. 결선투표제에서는 1차 투표의 결과와 2차 결선투표의 결과가 달라질 수 있다. 1차 투표에서 가장 많은 득표를 한 후보가 결선투표에서는 패배할 수 있다는 점에서 유권자의 표심을 왜곡한다는 비판이 제기될 수 있다. 또한 결선투표제에서는 선거관리의 어려움과 선거비용 증가도 단점으로 지적된다.

---

01 결선투표제는 Two-Round System(TRS), Second Ballot 으로도 불린다.

3. 단체장 선출방식 제안: '제한적' 선호투표제

결선투표제는 1차 투표에서 과반득표자가 나오지 않을 경우 2차 결선투표에서 1차 투표의 상위 2명을 대상으로 최다득표자를 결정하는 방식이다. 결선투표제에서는 1차 투표에서 상위 2명을 선택한 유권자는 2차 결선에서도 동일 후보를 선택한다고 볼 수 있으므로 최종 당선인을 결정하는 것은 1차 투표에서 이들을 선택하지 않았던 표라고 할 수 있다. 따라서 결선투표 방식은 1선호 투표 결과 과반득표자가 없을 경우 차순위 선호표의 배분으로 당선인을 결정하는 선호투표 방식과 본질적으로 같다.[02] 그러한 점에서 결선투표제의 장점인 대표성을 강화하면서 단점인 2회 투표를 1회 실시하는 선호투표제가 바람직하다.

선호투표제는 유권자가 후보자의 선호순위를 기입하고, 1선호표가 50%를 넘은 후보를 당선시키는 방식이다. 만약 과반 득표자가 없으면 가장 적은 득표를 한 후보를 탈락시키면서 이 표를 2선호로 기표한 후보에 이양한다. 2선호표를 배분해 과반득표자가 있으면 그 후보를 당선시키고 없을 경우 이 과정을 반복한다. 이처럼 선호투표제는 출마한 모든 후보를 대상으로 선호를 표기하도록 하고, 과반득표자가 나올 때

---

02 선호투표방식에는 대안투표제(Alternative Vote)와 단기이양식(Single Transferable Vote)이 있는데, 대통령선거에 적용할 수 있는 방식은 선호투표제이다. 단기이양식은 2인 이상의 대표를 선출하는 선거제도이다.

까지 차순위 선호를 반영하는 것을 특징으로 한다.

영국, 노르웨이 등의 국가에서는 시장 선출방식으로 선호투표에 결선투표를 접목한 보충투표제(Supplementary Vote)를 고안했다.[03] 보충투표제에서 유권자는 최대 3선호까지 허용된다.

결선투표제보다는 선호투표제가 선거관리와 투표비용의 측면에서 바람직할 것이다. 선호투표제 도입은 당선인의 대표성을 제고하는 효과를 보일 뿐만 아니라 투표의 효용성 측면에서도 긍정적이라 할 수 있다. 후보자 중 1인만 선출하는 현행 다수대표제에서 유권자는 사표 방지 심리로 당선 가능성이 높은 후보를 선택하게 된다. 후보의 능력과 자질, 정책을 기준으로 소신투표하기보다 자신의 표가 당선인 결정에 반영될 수 있도록 전략투표할 가능성이 높다.

그런 점에서 선호투표방식은 출마한 후보들에 대한 자신의 선호를 표출할 수 있기 때문에 선택권을 폭넓게 보장받는 방식으로 평가될 수 있다. 다만, 선호투표 방식을 도입하되 후보에 대한 선호 표기를 2선호로 제한하는 방식을 고려해볼 수 있다. 선호투표제에서 선호 표기를 3선호까지 허용하면 과반 득표 당선인의 출현 가능성이 높아지고, 후보에 대한 선호도를 표기하는 선호투표제의 장점을 살릴 수 있다. 그러나 선호투표제를 결선투표제의 대안으로 보고, 투·개표의 용이성 측면을 고려한다면 2선호 표기로 제한하는 방안도 검토해볼 수 있다(김종갑 2022, 144).

03 보충투표제의 투표방식과 사례에 관해서는 Dag Arne, Christensen and Jacob Aars. 2010, 823-841 참조.

〈표 1〉 단체장 투표방식 비교

	당선인결정방식	선호표기	선거횟수
다수대표제 (FTPT)	상대다수제	선호표기 없음	1회
결선투표제 (Run-off Vote)	절대다수제+상대다수제	선호표기 없음	2회
대안투표제 (AV: Alternative vote)	절대다수제	모든 후보의 선호 표기 가능	1회
수정 선호투표제 (Modified AV)	절대다수제+상대다수제	2선호 표기까지 허용	1회

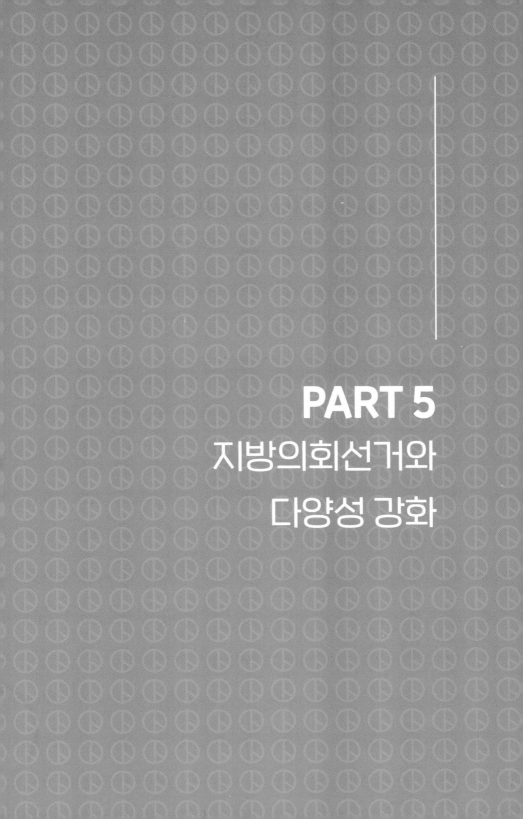

PART 5
지방의회선거와
다양성 강화

1. 역대 지방의회 선거 결과

현행 광역의회 및 기초의회의원선거의 당선인 결정방식(electoral formula)은 지역구대표와 비례대표를 각각 독립적으로 선출하는 병립형 혼합제 또는 병립형(Mixed-Member Majoritarian)이다. 지역구 선거에서는 최다득표자 1인이 선출하는 상대다수대표제(First Past The Post)를 적용하고, 비례대표 선거에서는 정당의 득표비율에 따라 당선인을 결정한다.

병립형은 연동형(Mixed-Member Proportional)에 대칭되는 개념이다. 연동형이 비례선거구의 특성을 부각시키는 방식이라면, 병립형은 지역선거구와 비례선거구의 개별적 특성을 독립적으로 나타내는 방식이다. 광역의회와 기초의회의 비례대표의원 수는 각각 지역구 의원정수의 10%이다.

역대 광역의회의원선거를 보면 거대 양당의 압도적 의석점유가 두드러진다. 지난 1995년 광역의회의원선거에서 전체 724석(무소속 151석 제외) 중 거대 정당인 민자당과 민주당은 전체 의석의 88.1%에 해당하는 638석을 획득했다. 1998년 광역의회의원선거에서는 거대 정당인 한나라당과 새정치국민회의의 의석점유율이 85.4%에 달했고, 2002년 광역의회의원선거에서는 한나라당과 새천년민주당의 의석점유율이 무려 93%를 기록했다. 1995년 이후 세 번의 광역의회의원선거에서 자유민주당이 제3당으로 존재했지만, 거대 양당은 높은 의석점유율을 보였다.

2006년 지방의회 선거 결과는 열린우리당의 창당, 민주노동당과 국민중심당의 약진으로 다당체제의 외양을 보였다. 기초의회의원선거에서 신생정당인 열린우리당이 23.7%의 의석점유율로 원내 제3당으로 부상하면서 거대 양당의 의석점유율은 71.3%를 기록했다. 그러나 광역의회선거에서 거대 양당은 88.6%의 높은 의석점유율을 보였다.

2010년 광역의회의원선거의 경우 자유선진당과 민노당의 약진에도 원내 1, 2당인 한나라당과 민주당의 의석점유율은 89.4%를 보였다. 기초의회 선거에서도 거대 양당은 88%의 압도적인 의석점유율을 기록했다.

2014년 제6회 선거는 더욱 공고화된 양당체제의 양상을 보였다. 광역의회선거에서 새누리당과 새정치민주연합의 의석점유율은 99.5%, 기초의회선거에서는 98%의 의석점유율을 보였다. 2018년 7회 선거에서도 유사한 결과가 나타났다. 민주당과 자유한국당의 의석점유율은 광역의회의원선거에서 97.6%, 기초의회선거에서 96.4%의 의석점유율을 기록했다. 2022년 제8회 지방선거에서는 거대 양당의 의석점유율은 최고조에 달했다. 민주당과 국민의힘 두 정당의 의석점유율은 광역의회선거에서 99.4%, 기초의회선거에서 99.1%를 보였다.

〈표 1〉 역대 전국동시지방선거 결과

1995

연도	수준	구분	민자	민주	자민	한미	민노	창조	진신	국중	국참	미래	친박	무	계
1995	광역	지역	286	352	86	-	-	-	-	-	-	-	-	151	875
		비례	49	38	8										95

1998

연도	수준	구분	한	새정치	자민	한미	민노	창조	진신	국중	국참	미래	친박	무	계
1998	광역	지역	224	271	82									39	616
		비례	29	32	13										74

2002

연도	수준	구분	한	새천년	자민	한미	민노	창조	진신	국중	국참	미래	친박	무	계
2002	광역	지역	431	121	29	-	2	-	-	-	-	-	-	26	609
		비례	36	22	4	2	9	-	-	-	-	-	-		73

2006

연도	수준	구분	한	민주	열린	민노	창조	진신	국중	국참	미래	친박	무	계
2006	광역	지역	519	71	33	5	-	-	13	-	-	-	14	655
		비례	38	9	19	10	-	-	2	-	-	-		78
	기초	지역	1401	233	543	52	-	-	56	-	-	-	228	2513
		비례	220	43	87	14	-	-	11	-	-	-		375

2010

연도	수준	구분	한	민주	선진	민노	창조	진신	국중	국참	미래	친박	무	계
2010	광역	지역	252	328	38	18	-	3	-	3	1	1	36	680
		비례	36	32	3	6	-	-	-	2	-	2		81
	기초	지역	1087	871	95	90	1	22	2	17	10	12	305	2512
		비례	160	154	22	25	-	-	-	7	1	7		376

2014

연도	수준	구분	새누	새	노동	통합	정의	-	-	-	-	무	-	계
2014	광역	지역	375	309	1	-	-	-	-	-	-	20	-	705
		비례	41	40	-	3	-	-	-	-	-		-	84
	기초	지역	1206	989	6	31	10	-	-	-	-	277	-	2519
		비례	207	168	-	3	1	-	-	-	-		-	379

2018

연도	수준	구분	자유	민주	바른	민평	정의	민중	-	-	-	무	-	계
2018	광역	지역	113	605	1	1	-	-	-	-	-	16	-	737
		비례	24	47	4	2	10	-	-	-	-	87	-	174
	기초	지역	876	1400	19	46	17	11	-	-	-	172	-	2541
		비례	133	238	2	3	9	-	-	-	-		-	385

2022

연도	수준	구분	국민	민주	정의	진보	-	-	-	-	-	무	-	계
2022	광역	지역	491	280	-	3	-	-	-	-	-	5	-	779
		비례	49	42	2	-	-	-	-	-	-		-	93
	기초	지역	1216	1218	6	17	-	-	-	-	-	144	-	2601
		비례	219	166	1	-	-	-	-	-	-		-	386

주) 민주: 더불어민주당, 국민: 국민의힘, 정의: 정의당, 진보: 진보당, 자유: 자유한국당, 바른: 바른미래, 민평: 민주평화당, 민중: 민중당, 열린: 열린우리당, 한: 한나라당, 민노: 민주노동당, 창조: 창조한국당, 국중: 국민중심당, 국참: 국민참여당, 진신: 진보신당, 새천년: 새천년민주당, 자민: 자민련, 한국: 한국미래연합, 친박: 친박연합, 새정치: 새정치국민연합, 통합: 통합진보, 미래: 미래연합, 친박: 친박연합, 무: 무소속
자료) 중앙선거관리위원회 선거통계시스템. http://info.nec.go.kr

:: 광역·기초의회 의원정수 연혁

* 제1회('95.6.27): 광역 970(지역 875, 비례 95)
* 제2회('98.6.4): 광역 690(지역 616, 비례 74)
* 제3회('02.6.13): 광역 682(지역 609, 비례 73)
* 제4회('06.5.31): 3,621[광역 733(지역 655, 비례 78), 기초 2,888(지역 2,513, 비례 375)]
* 제5회('10.6.2): 3,649[광역 761(지역구 680, 비례 81), 기초 2,888(지역 2,512, 비례 376)]
* 제6회('14.6.4): 3,687[광역 789(지역구 705, 비례 84), 기초 2,898(지역 2,519, 비례 379)]
* 제7회('18.6.13): 3,750[광역 824(지역구 737, 비례 87), 기초 2,926(지역 2,541, 비례 385)]
* 제8회('22.6.1): 3,859[광역 872[지역구 779, 비례 93), 기초 2,987(지역 2,601, 비례 386)]

2. 2022년 제8회 전국동시지방선거[01]

가. 광역의회의원선거

2022년 제8회 광역의회의원선거 결과, 전체 17개 광역시도에서 더불어민주당과 국민의힘의 양당 구도가 선명하게 나타났다. 서울과 인천, 세종, 경기, 제주를 제외하면 거대 양당 중 일당이 2/3 이상 의석을 차지했다.

거대 양당이 90% 이상의 압도적인 비율의 의석을 차지한 곳도 8곳에 달했다. 더불어민주당은 광주와 전남·북에서, 국민의힘은 대구와 부산, 울산, 경남·북에서 90%를 넘는 의석점유율을 보였다.

:: 광역의회의원선거에서 일당이 총 의석의 2/3 이상 의석을 차지한 지자체

* 세종(65%), 인천(65), 경기(50), 충남(75), 서울(68), 강원(88), 경북(92), 경남(94), 울산(95), 대구(97), 부산(96), 충북(80), 대전(82), 광주(96), 전남(91.3), 전북(93), 제주(68)

01 2022년 6월 1일 실시된 제8회 전국동시지방선거에서 선출된 지방의회 의원정수는 광역의원 872명(지역 779, 비례 93, 제주 교육의원 5), 기초의원 2,987명(지역 2601, 비례 386)이었다.

나. 기초의회의원선거

제8회 지방의회선거에서 거대 양당은 전국 243개 지방자치단체에서 총 의석의 2/3(67%) 이상을 차지했다. 이 중 일당이 2/3 이상 의석을 확보한 지방자치단체는 78곳이다. 지역별로는 대구 5곳, 광주 5곳, 강원 1곳, 충북 1곳, 전북 14곳, 전남 22곳, 경북 23곳, 경남 18곳이다.

:: 하나의 정당이 2/3 이상 의석(%)을 차지한 기초자치단체
* 대구: 전체 8곳 중 5곳(남구, 서구, 달서, 달성, 동구)
* 광주: 전체 5곳 중 4곳(광산, 남구, 북구, 서구)
* 강원: 전체 18곳 중 1곳(삼척)
* 충북: 전체 11곳 중 1곳(보은)
* 전북: 전체 14곳 중 10곳(고창, 군산, 김제, 남원, 부안, 순창, 완주, 익산, 장수, 전주)
* 전남: 전체 22곳 중 17곳(강진, 고흥, 광양, 나주, 목포, 무안, 보성, 순천, 신안, 여수, 영광, 영암, 장성, 장흥, 진도, 함평, 해남)
* 경북: 전체 23곳 중 18곳(경산, 경주, 고령, 구미, 김천, 문경, 봉화, 상주, 성주, 영덕, 영양, 영주, 영천, 예천, 의성, 청도, 청송, 칠곡)
* 경남: 전체 18곳 중 5곳(남해, 밀양, 사천, 산청, 창녕)

반대로, 거대 양당 중 한 정당도 2/3 이상 의석을 차지하지 못한 지방자치단체도 있다. 이 지역들은 거대 양당 중 어느 한 정당도 압도적인 의석점유율을 보이지 못했거나, 무소속이 높은 의석점유율을 보인 경우이다. 예컨대, 강릉시와 같이 더불어민주당과 국민의힘의 의석점유율이 각각 47%와 53%를 보인 경우가 해당된다. 또 완도군과 같이 무소속의 높은 의석점유율로 더불어민주당이 2/3 이상 의석을 확보하지 못한 경우이다.

:: **거대양당 중 한 정당도 2/3 이상의 의석점유율(%)을 보이지 못한 지자체**
* 강원: 10곳(강릉, 동해, 양구, 양양, 원주, 인제, 정선, 춘천, 태백, 홍천)
* 전남: 3곳(구례, 담양, 완도)

서울의 경우 노원구를 제외한 모든 지방자치단체의 의석이 거대 양당에 돌아갔다. 심지어 일당이 전체 의석을 독점한 지방자치단체도 5곳(전북 남원시, 부안군, 순창군, 완주군, 경북 청송군)에 이른다. 부산과 대구, 대전, 경북과 경남은 전역에서 양당 체제가 뚜렷하다. 인천은 동구만 제외하고 전역, 울산은 동구와 북구만 제외하고 전역에서 거대 양당의 의석 독점이 뚜렷하게 나타났다. 인천은 동구만 제외하고 전역이, 울산은 동구와 북구만 제외하고 전역에서 거대 양당이 의석을 독점했다. 또한 경기는 수원, 강원은 춘천, 충북은 옥천, 충남은 서천만 제외하고 모든 지방자치단체에서 거대 양당이 의석을 싹쓸이했다.

거대 정당의 의석점유율은 특정 지역에서 두드러졌다. 더불어민주당은 전북, 전남, 제주에서, 국민의힘은 대구, 강원, 경북, 경남에서 높은 의석점유율을 보였다. 강원과 경남에서 국민의힘은 더불어민주당에 비해 의석점유율에 있어서 우위를 점했으나 압도적이라 할 수는 없다. 강원보다는 경남에서 국민의힘의 의석점유율이 대체로 높게 나타났다. 제3당이 비교적 높은 의석점유율을 보인 곳도 있다. 진보당은 광주와 울산에서 약진을 보였다. 그러나 거대 정당의 의석점유율에 비하면 미미한 수준이다.

:: **제3정당의 의석점유율(%)이 두드러진 지자체**
* 서울: 노원(민주52/국민5/진보5)
* 울산: 동구(민주29/국민57/진보14), 북구(민44.4/국44.4/진11.1)
* 강원: 춘천(민주39/국민57/정의4)
* 인천: 동구(민주25/국민62.5/진보12.5)
* 충남: 서천(민37.5/국50/진12.5)
* 전북: 익산(민주80/국민4/진보4)
* 전남: 순천(민주80/국민4/진보8)

거대 양당의 의석분포는 특정 지역을 중심으로 선명하게 나타났다. 대부분의 기초의회의원선거에서 더불어민주당과 국민의힘이 의석을 독점하였다. 양대 정당 카르텔은 매우 견고해서 제3정당이 의석을 획득하더라도 그 숫자는 미미한 수준이었다. 대구와 경북에서는 국민의힘이, 광주와 전남에서는 더불어민주당이 2/3 이상 의석을 차지해 일당우위 체제를 구축하였다. 제3의 정당이 유의미한 수준의 의석을 획득하여 3당 체제를 형성하는 지역은 찾아보기 어렵다.

이러한 거대 정당의 의석 독점을 의회의 다양성 확보를 통해 해결하는 방안이 주효할 것이다. 지방의회에서 다양한 정당이 출현하여 경쟁하는 제도 환경이 구축되면 거대 정당으로의 의석 집중은 상대적으로 약화될 수 있다.

<그림 1> 2022년 서울 기초의회의원선거 결과

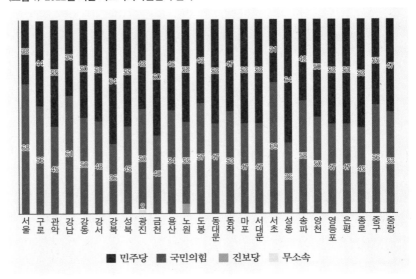

<그림 2> 2022년 부산 기초의회의원선거 결과

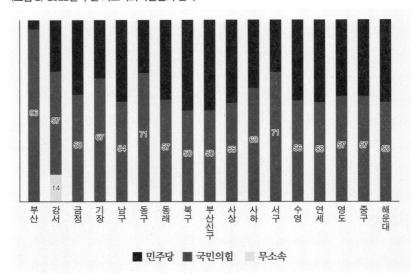

<그림 3> 2022년 인천 기초의회의원선거 결과

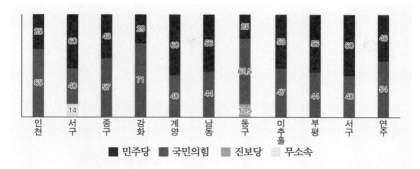

<그림 4> 2022년 광주 기초의회의원선거 결과

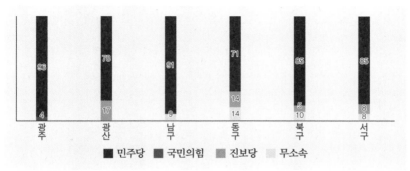

<그림 5> 2022년 대구 기초의회의원선거 결과

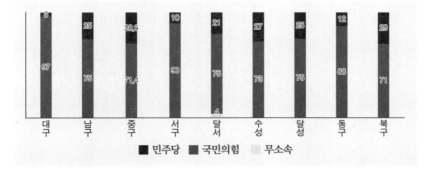

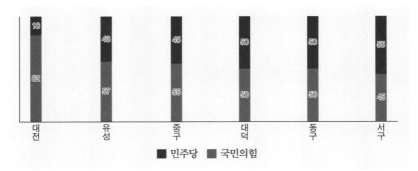
〈그림 6〉 2022년 대전 기초의회의원선거 결과

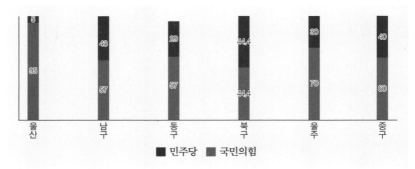
〈그림 7〉 2022년 울산 기초의회의원선거 결과

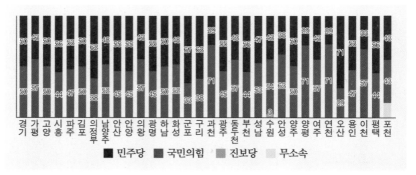
〈그림 8〉 2022년 경기 기초의회의원선거 결과

〈그림 9〉 2022년 강원 기초의회의원선거 결과

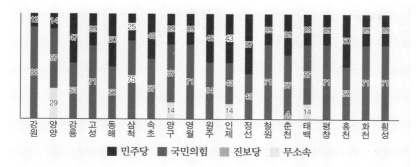

〈그림 10〉 2022년 충북 기초의회의원선거 결과

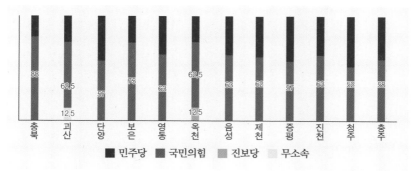

〈그림 11〉 2022년 충남 기초의회의원선거 결과

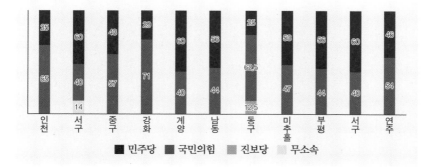

<그림 12> 2022년 충북 기초의회의원선거 결과

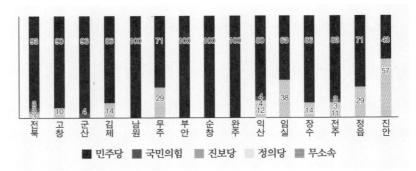

<그림 13> 2022년 전남 기초의회의원선거 결과

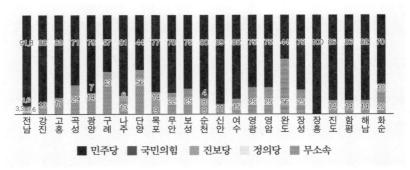

<그림 14> 2022년 충북 기초의회의원선거 결과

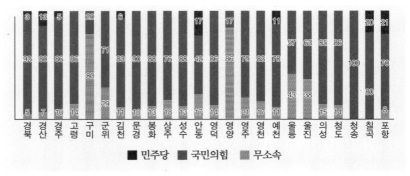

<그림 15> 2022년 충북 기초의회의원선거 결과

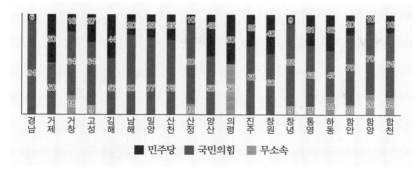

<그림 16> 2022년 제주·세종 기초의회의원선거 결과

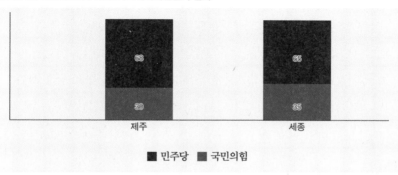

:: 지자체별 의원수(2022년 제8회 전국동시지방선거)

* 광역의회

계	20명	30명 이하	40명 이하	50명 이하	70명 이하	100명 이상
17 ·	1	3	4	4	3	2

* 기초의회

계	7명	8~10명	11~20명	21~30명	31명 이상
226	54	53	87	24	8

PART 5 지방의회선거와 다양성 강화

3. 의회 다양성 강화 방안

가. 기초의회 중선거구제 확대

2006년 기초의회의원 선거부터 기존에 읍·면·동별 1명씩 선출하던 소선거구제를 폐지하고 선거구당 2~4명을 선출하는 중선거구제가 도입되었다.[02] 기초의회 중선거구제 도입은 다양한 정당의 후보들이 의회에 진입할 수 있는 가능성을 제고시킴으로써 의회 다양성을 강화하기 위한 것이었다.

그러나 기초의회 선거구 중 4인 이상을 선출할 때는 2개 이상의 지역구로 분할할 수 있다는 「공직선거법」 단서조항으로 인해 대부분의 기초의회 선거구가 시·도 조례에 의해 2인 선거구로 축소·분할되는 사례가 비일비재했다. 기초의회의원 선거구획정위원회가 3인 또는 4인 선거구 위주로 선거구 획정안을 제출해도 시도의회에서 다수의석을 점하고 있는 거대 정당이 2인 선거구로 변경하기 때문이다.

현행 「공직선거법」에서는 시·도의회가 기초의회 선거구획정위원회가 제출한 선거구획정안을 '존중하여야 한다'고 명시하고 있다(제24조의3제6항). 그러나 기초의회 선거의 선거구획정안이 시도의회에서 원안

---

02 「공직선거법」 제26조제2항: "자치구·시·군의원지역구는 인구·행정구역·지세·교통 그 밖의 조건을 고려하여 획정하되, 하나의 자치구·시·군의원지역구에서 선출할 지역구자치구·시·군의원정수는 2인 이상 4인 이하로 하며, 그 자치구·시·군의원지역구의 명칭·구역 및 의원정수는 시·도조례로 정한다."

대로 의결되는 경우는 드물다.

4인 선거구의 분할은 거대 양당의 의석독점을 강화하는 결과를 가져왔다. 4인 선거구에서는 지지기반이 강한 거대 정당이라도 의석을 독점하기 어렵지만 2인 선거구라면 용이하기 때문이다.

2018년 제7회 전국동시지방선거의 기초의회 선거구 현황을 보면, 전체 1,035개 선거구 중 2인 선거구의 수는 592개로 그 비중이 60%에 육박했다. 그에 비해 3인과 4인 선거구는 각각 415개(40.1%)와 28개(2.7%)에 불과했다. 2022년 제8회 기초의회의원선거에서도 마찬가지다. 2인 선거구의 비중이 전체 선거구의 절반을 넘는 52.6%로 나타났다. 2인 선거구와 3인 선거구를 합하면 95.3%에 이른다. 그에 비해 4인 선거구는 4.1%에 그쳤다.

2022년 기초의회선거에서 선거구획정위원회는 3인 선거구와 4인 선거구를 각각 전체 선거구 총수의 43.7%, 6.3%의 비율로 조정하여 제출했다. 그러나 시도의회는 3~4인 선거구의 수를 줄이는 대신 2인 선거구를 3.1%(44개) 확대했다.

시도별로 선거구획정위원회의 원안과 획정 결과를 비교해보면 서울과 강원, 경북, 광주, 울산, 전북, 충북처럼 원안을 '존중한' 경우도 있지만, 그 외 시도에서는 원안이 변경되었다. 원안 변경의 규모도 다양하게 나타났다. 적게는 광주와 같이 4인 선거구 1곳만 줄인 경우가 있는가 하면, 부산처럼 3인 선거구와 4인 선거구를 각각 2개, 9개 줄여 2인 선거구를 21개나 늘리기도 했다.

<표 2> 2022년 제8회 지방선거 선거구 획정위안과 시도의회 의결안 비교

	선거구획정위 안				시도의회 확정결과				증감
	2인	3인	4인	5인	2인	3인	4인	5인	
서울	98	50	3	3	98	50	3	3	0
부산	18	27	10	0	39	25	1	0	21
대구	6	20	7	1	18	20	1	1	12
인천	16	20	4	0	14	24	2	0	-2
강원	8	41	3	0	8	41	3	0	0
경기	84	71	5	1	87	69	5	1	3
광주	2	16	2	0	2	16	1	0	-1
대전	4	13	2	0	4	13	2	0	0
울산	14	4	1	0	14	4	1	0	0
충북	27	19	2	0	27	19	2	0	0
충남	25	24	6	1	31	24	3	1	6
전북	38	31	1	0	38	31	1	0	0
전남	36	33	11	0	38	33	10	0	2
경북	68	37	1	0	68	37	1	0	0
경남	54	34	6	0	57	32	6	0	3
계	498	440	64	6	542	440	42	6	44

자료) 경제정의실천연합. 2022. 「2022 지방선거 진단1: 기초의회 선거구별 당선현황 분석」

2022년 기초의회의원선거에서는 선거구 확대가 소수정당의 원내 진입에 얼마나 효과적인지 검증하기 위해 3~5인 선거구제가 시범적으로 실시되었다. 3인 선거구의 경우 51개, 4인 선거구는 28개를 더 늘렸다. 그리고 5인 선거구는 30곳을 신설했다.

선거 결과, 소수정당의 의석점유 확대 효과는 미미했다. 3인 선거구에서는 정의당과 진보당이 1석과 2석 얻는데 그쳤고, 4인 선거구에서는 정의당만 1석 늘어나는 것으로 나타났다. 신설된 5인 선거구에서는 소수정당이 단 1석도 얻지 못했다.

늘어난 의석은 대부분 거대 양당에게 돌아갔다. 3인 선거구의 경우 늘어난 51석 중 48석을 거대 양당이 차지했다. 3인 선거구에서는 늘어난 28석 중 27석이 거대 양당의 의석으로 돌아갔다.

기존 선거구와 시범선거구의 정당별 의석점유율도 유사한 결과를 보였다. 더불어민주당은 기존 선거구에서 48.49%의 의석점유율을 보였는데, 시범선거구에서도 48.74%로 유사하게 나타났다. 국민의힘도 기존 선거구에서 45%였으나, 시범 선거구에서는 그보다 약간 줄어든 44.77%를 보였다. 4인 선거구에서 비슷한 결과를 보였다. 더불어민주당의 의석점유율은 기존 선거구보다 시범 선거구에서 1.62% 줄어들었고, 국민의힘은 2.74% 늘어나는데 그쳤다.

5인 선거구는 서울 3곳(성북구가, 성북구나, 동대문구바), 경기 1곳(남양주시사), 대구 1곳(수성구마), 충남 1곳(논산시가)이었다. 선거 결과, 더불어민주당과 국민의힘 양당이 모든 선거구에서 의석을 독점했다. 5인 선거구인데도 거대양당에 지역구 의석이 집중된 이유로는 '거대 정당의 높은 지지율', '시범지역의 낮은 비율', '선거구획정 지연에 따른 소수정당의 후보 추천 시간 부족' 등이 지적된다(이정진 2022, 27-30).

1) 거대정당과 소수정당 간 의석편차

〈표 4〉는 2022년 기초의회의원 선거에서 각 정당이 전국의 지역구에서 획득한 의석점유율(%)을 나타낸다. 거대 정당과 소수정당 간 의석점유율의 차이가 극명하게 나타난다.

거대 양당의 의석점유율이 90%가 넘는 지역은 세종과 제주를 제외한 15개 시도 중 10개에 달하고, 전체 평균 의석점유율도 90%에 육박한다. 2022년 기초의회의원선거에 후보를 추천한 정당 중 거대 양당을 제외한 소수정당의 수는 15개이다. 소수정당 중 정의당은 7석을 얻었는데 9개 시도에서 1석도 얻지 못했다. 또 진보당의 경우 17석을 얻었지만 의석을 얻지 못한 시도가 7곳이다. 나머지 13개 정당은 단 1석도 얻지 못했다.

〈표 3〉 시범 도입 선거구 정당별 의석분포(2022년 기초의회선거)

		더불어민주당	국민의힘	정의당	진보당	무소속	계
2인 선거구	2022년 기초선거	476	547	0	3	62	1,088
	기존	476	547	0	3	62	1,088
3인 선거구	2022년 기초선거	639 (48.74)	587 (44.77)	5 (0.38)	11 (0.84)	69 (526)	1,311 (100.0)
	시범	28	20	1	2	0	51
	기존	611 (48.49)	567 (45.0)	4 (0.32)	9 (0.71)	69 (5.48)	1,260 (100.0)
4인 선거구	2022년 기초선거	88 (51.16)	67 (38.95)	1 (0.58)	3 (1.74)	13 (7.56)	172 (100.0)
	시범	12	15	1	0	0	28
	기존	76 (52.78)	52 (36.11)	0 (0.0)	3 (2.08)	13 (9.03)	144 (100.0)
5인 선거구	2022년 기초선거	15(50.0)	15(50.0)	0(0.0)	0(0.0)	0 (0.0)	30 (100.0)
	시범	15	15	0	0	0	30
기존		1,163	1,166	4	15	144	2,492
시범		55	50	2	2	0	109

자료) 경제정의실천연합. 2022. 「2022 지방선거진단1: 기초의회 선거구별 당선현황 분석」 재구성

후보조차도 추천하지 못한 정당이 대부분이다. 녹색당과 우리공화당이 5개 시도에서 후보를 추천해 그중 가장 많았고, 시대전환과 노동당, 통일한국당이 각각 3곳, 기독당과 혁명21이 각각 2곳, 깨어있는 시민연대, 독도당, 미래당, 자유통일당, 한류연합당이 각각 1곳에 불과했다.

소수정당의 의석점유율을 높이기 위한 방안으로 비례대표 의석을 확대하고 배분방식을 변경해야 한다는 의견이 지속적으로 제기되어 왔다. 물론 비례대표(비율) 확대가 소수정당의 의석점유율 확대로 이어질 수 있다. 그러나 단순히 비례대표 의석을 늘리고 배분방식만 소수정당에 유리하게 바꾼다고 당장 소수정당의 원내 진입이 촉진된다고 할 수 없다.

예컨대, 5인 시범선거구를 대상으로 다수대표제가 아닌 비례대표제를 적용했을 때 소수정당의 의석점유에 유리한지 살펴보자. 정당별 지역구 득표수를 합산하여 그에 비례해 의석을 배분해도 실제 선거 결과와 유사하게 나타난다. 6개 선거구 중 대구 수성구 마선거구 한 곳에서만 다르게 나타난다(〈표 5〉).

이는 배분방식에 따른 근소한 차이라고 할 수 있다. 지역구 득표의 비례배분에 적용된 방식은 비례성이 높은 셍뜨-라귀식(Sainte-Laguë method)이 사용되었는데, 현재 우리가 사용하고 있는 헤어식(Hare method)을 사용해도 결과는 비슷하다. 헤어식을 사용하면 대구 수성구 마 선거구에서만 더불어민주당 1석, 국민의힘 3석으로 실제 선거 결과와 동일하게 나타난다.

〈표 4〉 2022년 기초의회의원선거 정당별 지역구 의석률(%)

	더불어민주당	국민의힘	정의당	시대전환	기독당	깨어있는시민연대	노동당	녹색당	독도당	미래당	신한반도평화체제당	우리공화당	자유통일당	진보당	통일한국당	한류연합당	혁명21	무소속
서울	188 (44.95)	183 (49.49)	0 (2.09)	0 (0.01)				0 (0.12)		0 (0.18)		0 (0.01)		1 (1.11)	0 (0.004)			1 (2.02)
부산	68 (35.17)	88 (57.66)	0 (0.22)											0 (1.44)			0 (0.01)	1 (5.5)
대구	24 (20.06)	80 (72.77)	1 (1.02)					0 (0.09)	0 (0.01)					0 (0.33)				(5.72)
인천	56 (47.33)	50 (47.88)	1 (3.47)								0 (0.01)			0 (0.36)				1 (0.95)
광주	48 (70.39)	0 (4.12)	1 (3.76)		0 (0.01)			0 (0.25)						6 (11.53)				5 (9.93)
대전	28 (48.4)	27 (48.45)	0 (1.57)											0 (0.95)				0 (0.63)
울산	17 (36.6)	25 (55.16)	0 (0.71)				0 (1.34)							2 (4.49)				0 (1.69)
경기	208 (49.48)	196 (46.87)	0 (1.21)	0 (0.01)		0 (0.02)	0 (0.01)					0 (0.01)		1 (0.68)	0 (0.003)	0 (0.000)	0 (0.001)	1 (1.71)
강원	63 (40.44)	81 (50.36)	1 (1.09)										0 (0.04)	0 (0.53)				6 (7.54)
충북	51 (43.43)	66 (51.63)	0 (0.29)					0 (0.07)				0 (0.03)		1 (0.39)	0 (0.04)			1 (4.12)
충남	70 (44.74)	79 (49.63)	0 (0.48)									0 (0.04)		4 (1.60)				2 (4.58)
전북	146 (69.66)	0 (4.34)	1 (1.42)	0 (0.05)				0 (0.03)						1 (1.09)				24 (23.41)
전남	163 (62.96)	0 (0.68)	2 (1.65)		0 (0.02)									5 (4.26)				45 (30.43)
경북	21 (12.79)	192 (64.35)	0 (0.22)					0 (0.12)						0 (0.48)				38 (22.03)
경남	67 (31.26)	149 (58.14)	0 (0.83)				0 (0.11)					0 (0.02)		0 (1.17)				18 (8.47)

자료) 중앙선거관리위원회. 2022. 「제8회 전국동시지방선거총람」. p.369, p.534

한국 지방자치의 현주소와 개혁 과제

〈표 5〉 5인 선거구 지역구득표 비례배분 결과와 실제 선거 결과 비교

		더불어민주당	국민의힘	진보당			계
대구 수성구 마	지역구득표	4,145(2인)	25,324(4인)	5,380(1인)			30,007
	지역구득표 비례배분	1	3	1			5
	실제선거결과	1	4	0			5
		더불어민주당	국민의힘	정의당			계
충남 논산시 가	지역구득표	11,039(5인)	9,062(4인)	433(1인)			20,534
	지역구득표 비례배분	3	2	0			5
	실제선거결과	3	2	0			5
		더불어민주당	국민의힘	우리공화당	무소속	무소속	계
경기 남양주시 사	지역구득표	27,015(4인)	28,090(3인)	5,083(1인)	917	1,880	62,985
	지역구득표 비례배분	2	3	0	0	0	5
	실제선거결과	2	3	0	0	0	5
		더불어민주당	국민의힘	정의당	무소속		계
서울 성북구 가	지역구득표	23,424(3인)	21,307(3인)	2,618(1인)	456		47,805
	지역구득표 비례배분	3	2	0	0		5
	실제선거결과	3	2	0	0		5
		더불어민주당	국민의힘	진보당	무소속	무소속	계
서울 성북구 나	지역구득표	24,223(3인)	21,741(3인)	1,107(1인)	855	3,004	50,930
	지역구득표 비례배분	3	2	0	0	0	5
	실제선거결과	3	2	0	0	0	5
		더불어민주당	국민의힘	정의당	무소속		계
서울 동대문구 바	지역구득표	20,433(3인)	19,692(3인)	1,075(1인)	816		42,016
	지역구득표 비례배분	3	2	0	0		5
	실제선거결과	3	2	0	0		5

　5인 선거구의 의석 배분방식을 비례대표제로 변경해도 다수대표제를 적용한 결과와 유사하다는 것은 소수정당의 위축이 단순히 선거구

확대나 비례대표 의석배분방식에 기인하는 문제가 아니라는 것을 말한다. 이보다는 소수정당이 자생력을 갖출 수 있도록 구조적 환경을 구축하는 노력이 선행되어야 한다. 또한 소수정당이 거대 정당의 대안정당으로서 경쟁력 있는 후보를 추천할 수 있는 제도 개선도 필요할 것이다. 선거구 확대는 그러한 제도 개선과 병행되어야 유의미한 효과를 보일 수 있다. 선거구 확대는 일부에만 그쳐서는 안 된다. 광범위하게 적용되어야 한다. 2~3인 선거구를 없애고 4~5인 선거구로 전면 개편할 필요가 있다.

2) 선거구제 외국사례

영국의 지방선거는 주의회(county council) 선거와 구의회(district council) 선거로 나뉜다. 잉글랜드와 웨일즈, 스코틀랜드는 소선거구제를, 북아일랜드는 대선거구제를 채택하고 있다. 미국은 주마다 다양한 선거구제를 채택하고 있으며 기본적으로 지방자치단체의 유형에 따라 차이를 보인다. 의회-시장형(council-mayor form)을 채택하고 있는 대도시에서는 소선거구제 또는 소선거구제와 대선거구제를 병용하고 있다. 반면, 의회-관리인형(council-manager form)을 채택하고 있는 중소도시에서는 대선거구제를 적용한다.

독일의 지방선거에서는 대선거구제와 소선거구제가 혼용되고 있다.

프랑스의 경우, 레종(région), 데빠르뜨망(département) 의회선거에서는 캔톤(canton)을 선거구로 하고 하나의 선거구에서 1인을 선출하는 소선거구제를 채택하고 있다. 반면 꼬뮌(commune) 의회선거는 대선거구제와 중선거구제를 혼용하고 있다.

일본은 소·중·대 선거구제를 혼용하고 있다. 도·도·부·현 선거구는 중선거구제를 채택하고 있다고 볼 수 있다. 시·정·촌(市町村) 의회의원은 선거구가 있는 경우에는 각 선거구에서, 선거구가 없는 경우에는 시·정·촌 구역 전체를 하나의 선거구로 하여 선출하는 대선거구제이다. 인구 1백만 이상의 전국 12개 정령지정시(政令指定市)는 행정구가 하나의 선거구가 되며, 그 선거구는 대선거구제를 채택하고 있다.

나. 지역정당 활성화

현행 「정당법」에 따르면 정당으로 등록하기 위해서는 중앙당이 수도에 소재하여야 하고, 5개 이상의 시·도당을 가져야 하며, 시·도당의 당원수는 1천명 이상이어야 한다. 소수정당이 이러한 정당설립요건을 충족하기란 쉽지 않다. 정당설립요건을 완화하여 다양한 이념과 노선을 표방하는 풀뿌리 단위의 정당 즉, 지역정당(local party)의 창당이 용이하도록 할 필요가 있다.

그러나 신생정당의 존립을 위협하는 것은 설립요건보다 등록취소요건이라 할 수 있다. 「정당법」 제44조제1항3호는 국회의원선거에서 1석도 얻지 못하고, 유효투표 총수의 2% 이상 득표하지 못한 정당의 경우 등록이 취소되도록 규정하고 있다. 등록취소요건은 신생 군소정당의 존립을 어렵게 하는 주된 이유인 만큼 완화하거나 삭제하는 방안을 검토할 필요가 있다(김종갑 2018, 3-4).

지역정당의 개념은 지방선거에만 참여할 수 있도록 하는 정당을 의미하지 않는다. 정당설립요건을 완화하여 지역 단위에서 다양한 정당이 설립될 수 있도록 하기 위한 것이다. 그러한 의미에서 지역정당 '허용'이 아니라 '활성화'가 맞다.[03] 구·시·군 단위에서 활동하는 지역정당이라도 세력을 확장해서 총선에 후보를 낼 수도 있다.

지역정당의 창당이 활발하게 이루어질 수 있는 환경을 구축해야 한다. 봉쇄조항을 철폐하고 정당설립요건을 낮춰 다양한 후보가 지방선거에 출마할 수 있도록 하여야 한다. 지역정당은 중앙당의 독점적 지위를 견제하고 지방정치 활성화에 기여할 것이다.

다. 국고보조금 배분방식 개선

정당의 정치활동과 조직 운영에 소요되는 정치자금은 크게 당비, 기탁금, 국고보조금 등으로 이루어진다. 이 중 수입원의 규모로 보면 국고보조금의 비중이 가장 크다. 정당에 따라 수입구조는 큰 차이를 보인다. 거대 정당은 국고보조금의 비중이 높은 반면, 군소정당은 당비의 비중이 높다.

---

03 제21대 국회에서 천정배 의원의 「정당법 일부개정법률안」(2017.11.29., 2010467)은 지역 단위 선거에서만 후보추천 자격을 부여하는 지역정당을 내용으로 한다. 반면, 윤호중 의원안(2023.2.1., 2119766), 이상민 의원안(2022.10.4., 2117721), 노용호 의원안(2022.8.2., 2116740), 조응천 의원안(2023.3.16., 2120702)은 정당설립요건 완화에 관한 것이다.

2022년을 정당별 수입내역을 보면 정의당의 보조금 비율은 총 수입원 중 27.1%인 반면, 새누리당은 34.9%, 더불어민주당은 37.3%이다. 반대로 당비의 경우 새누리당은 전체 당비 중 20.5%, 더불어민주당은 12.9%인 반면, 정의당은 24.5%로 가장 높다. 기탁금과 전년도 이월금에서는 정의당의 비율은 거대 정당과는 비교할 수 없는 수준으로 낮다. 눈에 띄는 부분은 정의당의 차입금이 보조금과 비슷한 액수라는 점이다. 이는 정의당의 열악한 재정상황을 말해준다.

정당의 수입 중 보조금이 차지하는 비율은 32.3%(1,400억원)으로 가장 높다. 거대 양당의 보조금은 전체 보조금 총액은 91.8%에 달한다. 대부분의 보조금이 거대 양당에 돌아간다는 것을 말한다(더불어민주당: 48.8%, 국민의힘: 43%).

정당별 수입구조를 보면 더불어민주당의 보조금 비율은 33.9%이다. 다른 수입원인 이월금(4.8%), 당비(14.1%), 기탁금(0.1%), 후원회기부금(0.1%), 차입금(17.3%), 기타(29.6%)보다 월등히 높다. 국민의힘도 전체 수입 중 보조금이 차지하는 비율은 34.6%로 이월금(4.2%), 당비(11.2%), 기탁금(0.1%), 기부금(0.9%), 차입금(17.8%), 기타(31.1%) 등 다른 수입원보다 높다.

반면 소수정당의 경우 수입원 중 당비가 가장 큰 비중을 차지한다. 정의당의 당비 비중은 57.5%로 보조금(2.7%)보다 훨씬 높다. 기본소득당도 당비(32.1%)가 보조금(2.7%)보다 현저히 높고, 시대전환당도 보조금(4.9%)보다 당비(47.5%)의 비중이 높다.

〈표 6〉 정당별 수입내역(2022년)   (단위: 백만원)

구분	전년도이월	당비	기탁금	후원회기부금	보조금	차입금	기타	계
더불어민주당	9,676	28,458	164	244	68,463	34,988	59,691	201,684
국민의힘	7,345	19,542	141	1,652	60,287	30,951	54,131	174,049
정의당	397	2,899	23	835	9,504	990	2,919	17,567
기본소득당	203	2,242	0	57	107	0	1,291	3,900
시대전환	8	87	2	9	69	0	96	271
기타정당	2,682	17,658	6	3,404	1,819	3,123	8,499	37,191
계	20,311	70,886	336	6,201	140,249	70,052	126,627	434,662

주) 기타 수입은 기관지발행사업 수입, 그밖의 수입을 포함한 금액
자료) 중앙선거관리위원회. 2023. 『2022년도 정당의 활동개황』 p. 491. https://www.nec.go.kr/site/nec/ex/bbs/View.do?cbIdx=1129&bcIdx=195209

보조금은 경상보조금[04]과 선거보조금, 공직후보자 여성추천보조금, 장애인 추천보조금, 청년 추천보조금으로 구성된다. 보조금 배분방식은 교섭단체 구성 여부, 의석수, 득표비율을 기준으로 한다. 현행「정치자금법」제27조에 의하면 국고보조금은 우선 교섭단체를 구성한 정당에 총액의 50%를 균등 배분한다. 그리고 교섭단체를 구성하지 못한 5석 이상 20석 미만의 정당을 대상으로 총액의 5%씩, 5석 미만의 정당에는 2%씩 배분된다. 잔여분 중 절반은 국회 의석을 가진 정당에 의석수 비율로, 나머지 절반은 최근 실시한 국회의원선거의 득표율에 따라 배분된다. 여성추천보조금을 비롯해 장애인 추천보조금, 청년 추천보조금 산정에는 모두 추천 대상인 여성, 장애인, 청년의 비율와 함께

---

04 최근 실시한 임기만료에 의한 국회의원선거의 선거권자 총수에 보조금 계상단가를 곱한 금액을 말한다.

국회 의석수도 고려되기 때문에 거대 정당에 유리하다.

국고보조금은 정당의 수입 내역 중 가장 큰 비중을 차지하는데, 이를 교섭단체 위주로 배분하는 것은 군소정당의 재정적 기반을 취약하게 만드는 결과를 초래한다. 따라서 교섭단체에 배분되는 보조금의 비중을 낮추거나 득표율에 따른 배분비율을 상향조정할 필요가 있다. 국고보조금 제도는 정당의 운영과 활동에 필요한 경비를 국가가 지급함으로써 정당의 공정한 활동에 도움을 주기 위한 것이다. 국고보조금 제도가 본래의 도입 취지에 부합하려면 보조금 배분방식이 합리적이고 공정해야 한다.

라. 의석배분 봉쇄조항 삭제

봉쇄조항은 비례대표 의석을 획득할 수 있는 정당득표율 최저기준을 말한다. 봉쇄조항이 지나치게 낮으면 정당체제의 분절화 및 파편화를 초래하여 군소정당이 난립하는 부작용이 나타나지만, 반대로 높으면 비례성을 떨어뜨리고 정당체제의 다양성을 훼손하는 결과를 가져온다.

봉쇄조항은 '법적 봉쇄조항(legal threshold)'과 '실질적 봉쇄조항(effective threshold)'으로 구분된다. 법적 봉쇄조항이 법률로 정해진 득표율이라면, 실질적 봉쇄조항은 비례대표 의석 1석을 배분받기 위해 요구되는 실제 득표율을 의미한다. 실질적 봉쇄조항은 법적 봉쇄조항과 무관하게 독립적으로 작동하기 때문에 소수정당의 의석점유에 영향을 미칠 수 있다.

일반적으로 비례대표 의석의 규모가 클수록 소수정당의 의석점유율은 높아진다. 비례대표로만 이루어진 단일 선거제도가 아닌 지역구와 비례대표의 혼합식 선거제도의 경우 지역구 의석 대비 비례대표 의석의 비율이 높을수록 소수정당의 의석 확보 가능성은 높아진다고 할수 있다(김종갑 2020, 3).

봉쇄조항을 지나치게 엄격하게 설정할 경우 사표(wasted votes)가 과다하게 발생하여 투표가치의 평등원칙을 훼손할 수 있고, 군소정당의 기회균등에 반할 수 있다. 봉쇄조항 설정은 정당 난립을 방지함으로써 정당체제의 안정을 이루기 위한 것이므로 봉쇄조항을 적정 수준으로 설정해야 한다.

광역의회 및 기초의회 선거와 같이 지역구와 비례대표의 혼합식 선거제도를 채택한 경우 정당득표율과 지역구 의석수를 모두 의석배분 봉쇄조항으로 설정할 수 있다. 그러나 우리의 경우 정당득표율 요건만 봉쇄조항으로 설정하고 있다. 봉쇄조항의 설정에는 '비례대표 의석의 규모와 비율', '선거구의 수 및 크기', '당선인 결정방식', '의석배분방식' 등과 같이 봉쇄조항의 실질적 크기에 영향을 주는 요인들을 고려해야 한다. 이러한 제도적 요인들이 어떻게 설정되는가에 따라 정당의 비례대표 의석 점유는 달라질 수 있다. 물론 실질적 봉쇄조항의 수준과 무관하게 법적 봉쇄조항을 정당체제의 안정이라는 입법목적에 따라 인위적으로 설정할 수도 있다. 그러나 법적 봉쇄조항의 설정에 봉쇄조항의 실질적 크기를 고려하는 것은 매우 중요하다.

현행 「공직선거법」은 광역의회와 기초의회 비례대표 선거에서 의석 배분 봉쇄조항(electoral threshold)을 동일하게 유효투표 총수의 5%로 설정하고 있다. 풀뿌리민주주의를 구현하는 지방의회 단위에서는 다양한 정치세력이 대표성을 갖도록 하는 것이 지방정치의 발전에 기여한다는 점에서 봉쇄조항을 하향조정하거나 철폐하여 이들의 의회 진입을 용이하게 할 필요가 있다. 특히, 기초의회의원선거의 경우 광역의회의원선거와 동일한 5% 봉쇄조항을 적용하는 것은 신생 군소정당의 의회진입을 어렵게 하여 비례성과 다양성 제고에 역행하는 결과를 가져온다.

:: 봉쇄조항

* 독일은 주의회 선거에서는 17개 주 중 6개 주(베를린, 브란덴부르크, 브레멘, 잘란트, 작센, 쉴레스비히홀쉬타인)에서 봉쇄조항을 허용하고 있고, 기초의회의원선거에서는 브레멘 주에서만 적용하고 있다.
* 프랑스의 경우 1,000명 이상의 꼬뮨(기초의회) 선거는 전체의석의 절반은 다득표 순으로, 잔여의석은 득표율에 따라 배분되는데, 잔여의석 배분에는 5% 이상 봉쇄조항을 충족한 정당이 해당된다.
* 스웨덴은 광역의회의원선거에서는 3%, 기초의회의원선거에서는 봉쇄조항을 두고 있지 않다. *스위스는 10곳의 캔톤의회 선거에서 1~8%의 봉쇄조항을 두고 있다. 오스트리아는 주의회선거에서 적용되는 봉쇄조항은 유효투표총수의 4% 또는 선거구당 지역구 의석 1석이다

마. 정당공천제 유지 및 연합공천 허용

2005년 8월 4일 「공직선거법」 개정으로 기존 광역 및 기초단체장, 광역의회에 이어 기초의회의원선거에서도 정당공천이 허용되었다. 개정된 「공직선거법」 제47조제1항은 "정당은 선거에 있어 선거구별로 선거할 정수 범위 안에서 그 소속당원을 후보자로 추천할 수 있다. 다

만, 비례대표 자치구·시·군의원의 경우에는 그 정수 범위를 초과하여 추천할 수 있다"고 규정함으로써 모든 선출직 공직후보자로 정당공천이 확대되었다.

본래 지방선거의 정당공천제 도입 취지는 정치충원(political recruitment)을 활성화하는 데 있다. 정당을 통해 지역에서부터 유능한 인재들을 발굴하여 정치훈련을 거쳐 정치인으로 성장할 수 있도록 하기 위함이다.

또한 정당공천은 정당이 중앙과 지방을 효율적으로 연계시킬 수 있는 채널 역할을 하고, 정당의 뿌리가 지방에서부터 내리도록 하여 당내 민주화를 정착시키는 효과를 얻을 수 있다. 요컨대, 정당정치는 중앙과 지방과의 유기적 관계 속에서 작동하는 메커니즘으로서 지역주민의 이익을 균형 있게 집약하여 일관된 정책으로 표출하기 위해 불가피하다고 할 수 있다.

그러나 정당공천을 반대하는 입장에서는 공천을 통한 중앙정당의 개입으로 지방정치가 중앙정당에 예속된다는 점을 지적한다. 중앙의 정치적 대립이 지방에까지 확산되고, 지방의 민생을 해결하는 것보다는 국회의원의 눈치를 보거나 중앙정치의 이슈에 휘둘리게 된다는 것이다. 지방정부와 의회가 동일 정당에 의한 지배로 이어져 집행부에 대한 의회의 견제와 균형이라는 지방자치 원리가 작동하기 어렵다는 것이다. 또한 중앙의 거대 정당에 쏠린 투표행위로 인해 지역주의를 조장하게되어 지방정치의 자율성을 훼손할 수 있다는 비판도 제기된다.

제21대 국회에서 발의된 2건의 기초의회의원선거 정당공천제 폐지

법안정찬민 의원안(2020.12.23., 2106867), 조응천 의원안(2023.4.3., 2121085)도 정당의 후보자 추천이 지방정치의 중앙정치 예속을 초래하고, 공천을 둘러싼 불법 정치자금 문제가 발생한다. 특히, 지역주민과 가장 밀착된 대표자라고 할 수 있는 기초단체장이나 기초의회의원의 정당공천의 폐해가 더욱 크다는 점을 강조한다.

중앙정치의 과도한 간섭과 통제에서 벗어나 지방정치의 자율성을 확보하고 풀뿌리민주주의의 올바른 정착과 인물과 능력 본위의 지방자치 발전을 위해서지방의회 특히, 기초의회 선거의 정당공천제를 폐지해야 한다는 주장이 확산되어 왔다. 그러나 정당공천제로 인한 폐단은 공천제 자체의 문제라고 할 수 없다. 정당공천제가 폐지되면 지역의 유력 토호나 명망가들이 발호할 가능성이 높다. 해법은 지역에 신생 군소정당을 육성하여 기성정당과 경쟁할 수 있도록 해야 한다. 공천을 유지하되 기초단위에서 신생·군소정당이 육성되고 활성화하도록 해야 한다.

현대 대의민주주의에서 정당정치는 정당간의 경쟁을 통한 책임정치의 구현이라는 점에서 지방선거의 정당개입은 유권자와 지방정부의 관계를 효율적으로 연계시킬 수 있는 방안이다. 정당공천이 갖는 긍정적 측면을 고려할 때 단순 폐지보다는 후보 추천을 자율적 판단에 맡겨 자유롭게 하는 방식이 바람직할 것이다. 정당공천을 전면적으로 폐지하기보다 정당이든 유권자단체든 자유롭게 후보 추천이 가능하도록 허용해야 한다. 정당공천제의 장점을 취하고 단점을 보완하는 방안을 모색해야 한다. 정당공천을 폐지하면 유권자가 후보자를 제대로 알지 못하고 투표하게 되고 후보가 난립하는 상황이 발생하여 유권자의 혼란이 발생할 수 있다. 독일처럼 정당뿐만 아니라 유권자단체도 후보를 추천할 수 있도록 할 필요가 있다.

무엇보다 정당공천이 지방자치에 순기능적인가 역기능적인가 하는 측면에서 볼 필요가 있다. 공천제 유지가 지방정치의 분권과 자치 확대와 상충한다고 볼 수 없다. 또한 공천의 투명성을 높이고 공천배심원제를 통한 공천의 개방성을 높이는 방안이 강구되어야 한다. 이와 함께 중요한 것은 신생·군소정당의 활성화를 통해 세력화가 중요하다. 소수정당이 활성화되면 기초의회의원선거 단위에서 거대 양당의 의석독점을 막을 수 있다.

정당공천제와 더불어 연합공천 허용도 소수정당의 기반 확대에 필수불가결하다. 현행 「정당법」은 복수의 정당이 단일 후보를 공천하거나 공동의 단일 명부를 작성하는 연합공천을 허용하지 않고 있다.[05] 따라서 현행법 하에서는 특정 정당의 당적을 유지한 채 선거연합을 위한 정당을 결성하는 것은 불가능하다. 복수의 정당이 선거구에서 단일 후보를 추천하거나, 공동의 단일 정당명부를 작성하는 것을 허용하면 신생 군소정당들도 연합공천을 통해 의석을 확보할 가능성이 높아질 수 있다.

정당설립요건의 완화로 지역정당의 결성이 용이해지고 이들 신생·

---

05 현행 「정당법」 제42조제2항은 당원의 이중당적을 금지하고 있다. 또한 「공직선거법」 제49조에 따르면 후보가 이중당적자로 밝혀진 때에는 후보등록을 무효로 하고, 당선된 이후에도 당선 무효사유가 된다.

군소정당이 지역 차원의 다양한 균열과 이해를 대변할 수 있게 되는 것은 바람직하지만, 현실적으로 후보를 당선시키기는 쉽지 않다. 군소정당의 원내 진입이 가능하려면 현행 「정당법」 및 「공직선거법」상의 후보자 이중당적 금지규정을 개선함으로써 정당의 연합공천을 허용할 필요가 있다.

:: **정당공천제**
* 정당공천제의 단점으로 지방정치의 중앙정치 예속화가 지적되지만, 공천제를 인위적으로 폐지하기보다는 정당이든 유권자단체든 자유롭게 후보 추천이 가능하도록 할 필요가 있다.
* 외국사례를 보면 영국, 프랑스, 독일 등의 유럽 각국 및 일본은 정당참여를 보장하고 있다.

바. 의회사무인력 비율 확대

지방의회 의원의 의정활동을 지원하는 핵심 인력으로는 단연 위원회 전문위원을 들 수 있다. 전문위원의 업무 범위는 광범위하다. 안건 검토보고서 및 심사보고서 작성, 위원회 사무처리, 전문위원실 소속 공무원 지휘·감독, 행정사무 감사 및 조사, 자료의 수집·조사·연구, 위원장 보좌 등 다방면에 걸쳐 있다.

2022년부터는 정책지원관으로 불리는 정책지원 전문인력이 충원되기 시작해 의정활동 지원의 중요한 축으로 기능한다. 정책지원관은 입법활동, 시정질문서 작성, 예·결산, 행정사무감·조사, 서류제출 요구, 공청회·세미나·토론회, 정치활동 지원, 의원외교, 공무국외활동, 의원

홍보, 의회 관련 규칙 제·개정, 의원연구단체 지원, 입법·정책연구개발, 민원접수·처리 등의 업무를 수행한다.

전문위원을 비롯해 정책지원관 등 지방의회 사무인력의 비중은 집행기관에 비하면 매우 열악한 수준이다. 의회사무직원의 규모는 지자체 전체 인력 규모의 10%에도 못 미친다. 전국 51개 지방자치단체를 대상으로 지방의회의 인력규모를 비교해 보면, 광역의회 중에서는 경북의 의회인력비율이 6.9%로 가장 높다. 그 다음으로 전북 6.61%, 전남 6.56%, 대구 6.27%, 강원 5.85%, 충북 5.43%, 울산 4.22%, 서울 4.08%의 순이다. 기초자치단체의 경우 의회인력 비율은 1~2%대에 불과하다.

의회사무직원 비율이 가장 낮은 지방의회는 남양주로 1.62%로 미미한 수준이다. 성남은 1.72%로 그 다음으로 낮은 비율을 보인다. 창원, 수원, 용인은 인구 100만이 넘는 특례시이고, 화성도 특례시 지정을 앞두고 있는 100만 도시이다. 또 평택, 안산은 60만이 넘는 도시인데 의회사무기구의 인력이 최하위 수준이다. 인구 5만의 경북 예천군과 인구 100만의 용인시의 의회사무인력 비율이 1.85%로 같다.

지방의회가 집행기관에 대한 견제와 감시 역할을 제대로 수행하려면 개별 직원의 역량을 떠나 최소한 유의미한 수준의 인력이 뒷받침되어야 한다. 턱없이 적은 의회인력으로 집행기관을 대등한 위치에서 감독한다는 것은 불가능에 가깝다. 지방의회의 인력격차 해소가 무엇보다 시급하다.

<그림 2> 집행기관 인력 대비 의회사무인력 비율(%)

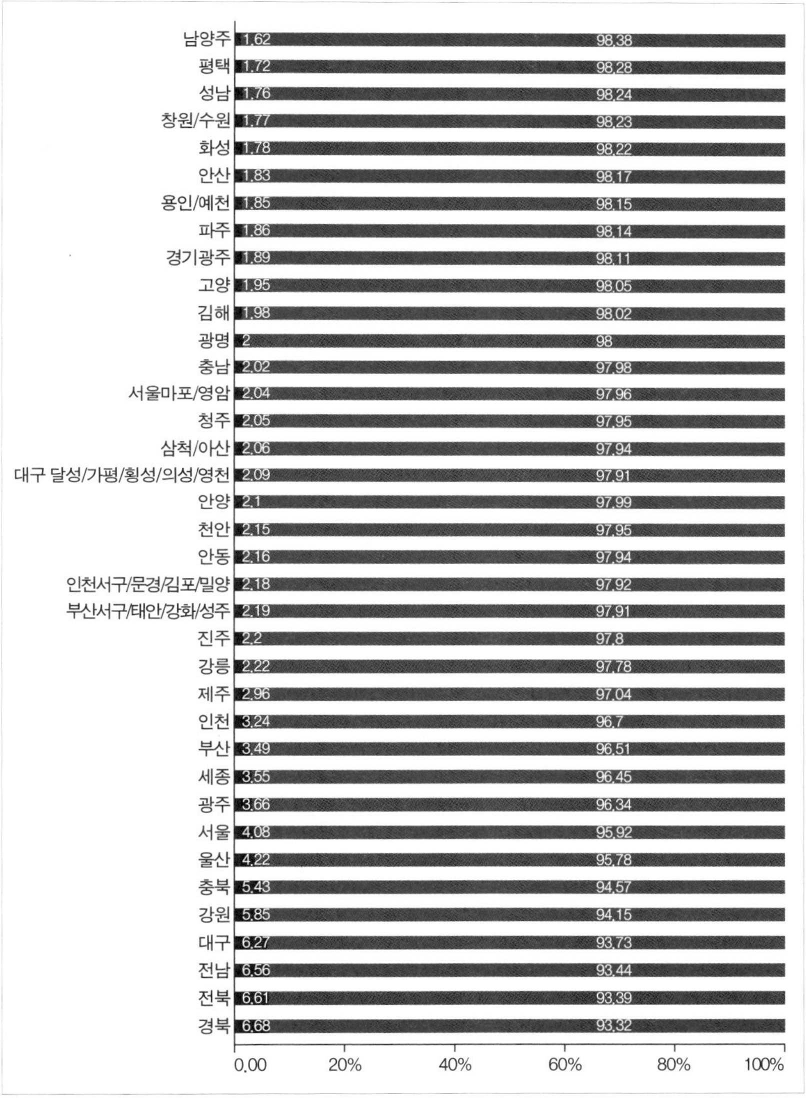

지역	비율	나머지
남양주	1.62	98.38
평택	1.72	98.28
성남	1.76	98.24
창원/수원	1.77	98.23
화성	1.78	98.22
안산	1.83	98.17
용인/예천	1.85	98.15
파주	1.86	98.14
경기광주	1.89	98.11
고양	1.95	98.05
김해	1.98	98.02
광명	2	98
충남	2.02	97.98
서울마포/영암	2.04	97.96
청주	2.05	97.95
삼척/아산	2.06	97.94
대구 달성/가평/횡성/의성/영천	2.09	97.91
안양	2.1	97.99
천안	2.15	97.95
안동	2.16	97.94
인천서구/문경/김포/밀양	2.18	97.92
부산서구/태안/강화/성주	2.19	97.91
진주	2.2	97.8
강릉	2.22	97.78
제주	2.96	97.04
인천	3.24	96.7
부산	3.49	96.51
세종	3.55	96.45
광주	3.66	96.34
서울	4.08	95.92
울산	4.22	95.78
충북	5.43	94.57
강원	5.85	94.15
대구	6.27	93.73
전남	6.56	93.44
전북	6.61	93.39
경북	6.68	93.32

* 지방의회의 사무직원 정수는 조례로 정한다. 지방의회는 자기 책임 하에 지역 사정을 감안하여 사무직원의 정수를 정할 수 있다. 다만, 위원회에 두는 전문위원의 정수기준은 「지방자치단체의 행정기구와 정원기준 등에 관한 규정」에 정해져 있다.

* 총 7,331명(광역 2,393명, 기초 4,938명)

* 광역의회

계	사무직원	전문위원(정수)	
		4급	5급
2,393	2,184	135	74

* 기초의회

계	사무직원	전문위원(정수)	
		4급	5급
4,938	4,261	406	271

사. 정책지원관 확대 및 운영 개선

2022년 「지방자치법」 개정으로 지방의회 사무직원의 인사권한이 지방의회 의장에게 부여되었다(제103조제2항). 의회사무직원에 대한 의장의 인사권 행사와 함께 지방의회의원의 의정활동을 지원하기 위해 정책지원관을 채용할 수 있는 규정이 신설되었다. 정책지원관은 의회 의원들의 의정활동을 전문적으로 지원하기 위해 되었으며, 지방의회의원 정수의 2분의 1 범위에서 해당 지방자치단체의 조례로 정하는 바에 따라 채용할 수 있게 되었다.

정책지원관은 조례 제정·개폐, 예산·결산 심의 등 의원의 입법활동에 필요한 업무는 물론, 의회의 의결사항과 관련한 의정활동, 행정 사무 감사·조사, 의정자료 수집·분석 등에 관한 각종 지원 업무를 수행한다. 국회와 비교하면 정책보좌관의 역할이라 할 수 있다.

2024.1. 현재, 지방의회가 정책지원관을 선발·운용하는 근거가 되

는 조례가 제정된 자치단체의 수는 51곳으로 확인된다. 정책지원관의 신분 및 직급은 시·도의 경우 6급 이하, 시·군·구의 경우에는 7급 이하 일반직 지방공무원 또는 「지방공무원 임용령」 제3조의2제1호에 따른 일반임기제 공무원으로 임명된다.

대부분의 지방의회에서 의정활동 지원의 소관사무에 대해서는 의원의 지휘를 받도록 하고, 일반사무에서는 사무국장/과장의 지휘를 받도록 하는 이원적 시스템으로 운영하고 있다. 정책지원관 배치와 관련하여 서울 서대문구의회는 의회운영위원회와 협의하도록 규정하고 있다. 의회운영위가 위원회 및 사무처 등 의회 운영을 소관 업무로 한다는 점에서 정책지원관의 효율적 배치에 긍정적일 것이다.

한편, 부산 해운대구와 같이 사무국이 정책지원관에 담당의원을 지정하는 방식은 기존의 무작위 배정방식보다 의회사무조직을 총괄하는 사무국장에게 배분권을 부여한다는 점에서 의미가 있다. 그러나 의장의 인사권 침해 소지를 고려할 때 협의 절차에 대한 고려가 필요할 것이다. 2023년 1월 12일 「경상남도의회 정책지원관 운영·관리 조례」 개정을 통해 기존에 의회사무처장이 정책지원관의 지원 상임위원회를 지정하도록 되어 있는 것을 의장이 배치하는 것으로 변경된 바 있다.

정책지원관의 편제는 의원 지원인 지방자치단체가 서울 금천구, 송파구 등 20곳이고, 위원회 지원은 서울 성북구, 대구 동구 등 25곳이다. 정책지원관을 사무국 내 별도 조직인 정책지원팀으로 신설하여 운영하고 있는 곳은 16곳이다. 정책지원관은 의원 2인당 1명씩 배정되어 있는 데다 업무범위가 넓어 효율적 업무분장이 요구된다. 그런 점에서 정책지원관의 전문위원실 편제는 바람직하지 않다. 위원회에 배치될 경우 전문위원 지원 업무와 중복될 가능성이 있다. 업무 중복의 문제도 있지만 업무가 과중하게 된다는 점도 고려해야 한다. 장기적으로 역량있는 전문인력을 확보하기 위해서는 인력 증원이 필요하고, 정책지원관 배치는 위원회보다 의정활동 지원이라는 본래의 취지에 맞게 의원지원에 비중을 둬야 할 것이다.

또한 의원이 정책지원관을 사적 업무에 동원하는 행위를 금지하도록 조례에 명시할 필요가 있다. 의원의 지휘를 받는 정책지원관의 입장에서는 사적 업무 수행을 지시받았을 때 거부하기 어렵다. 정책지원관의 직무 범위를 조례에 명확히 설정하는 것도 중요하지만, 의원의 사적 요청 행위를 금지하는 내용도 반드시 규정해야 한다. 사적 사무 금지규정을 명문화한 부산광역시와 연제구, 나주시, 고양시 사례를 참조할 필요가 있다.

〈표 7〉 지방의회 정책지원관 운영 관련 자치단체 조례 현황(2024.1.)

	자치단체	조례 시행일	직위	배치	지휘·감독	지원방식 (의원/위원회 직접지원)
1	서울 금천구	2022. 01. 13	-	의회사무국 (정책지원팀)	의원(소관업무)/ 사무국장(일반사무)	의원
2	서울 성북구	2022. 01. 13	일반직 7급이하	의회사무국 (정책지원관)	의원(소관업무)/ 사무국장(일반사무)	위원회
3	서울 송파구	2022. 01. 13	-	의회사무국 (정책지원팀)	-	의원

	자치단체	조례 시행일	직위	배치	지휘·감독	지원방식 (의원/위원회 직접지원)
4	서울 양천구	2022. 01. 13	지방공무권7급이하	의회사무국 (정책지원팀)	-	의원
5	서울 종로구	2022. 01. 13	-	의회사무국 (의사팀)	의원(소관업무)/ 사무국장(일반사무)	의원
6	서울 영등포구	2022. 01. 13	-	의회사무국 (정책지원팀)	의원(소관업무)/ 사무국장(일반사무)	의원
7	대구 동구	2022. 01. 13	-	위원회 (정책지원팀)	의원(소관업무)/ 사무국장(일반사무)	위원회
8	광주 광산구	2022. 01. 13	일반직/ 임기제7급	사무국/위원회 (정책지원팀)	-	의원
9	전북 정읍시	2022. 01. 13	일반직/ 임기제 7급이하	-	의원(소관업무)/ 사무국장(일반사무)	
10	경기 평택시	2022. 01. 13	일반직/ 임기제 7급이하	의회사무국	의원(소관업무)/ 사무국장(일반사무)	의원
11	전남 목포시	2022. 01. 13	일반직 7급이하	의회사무국	의원(소관업무)/ 사무과장(일반사무)	의원
12	경남 거제시	2022. 01. 13	-	의회사무국 (정책지원팀)	-	의원
13	서울 광진구	2022. 02. 08		위원회/사무국 (정책지원팀)	의원(소관업무)/ 사무국장(일반사무)	의원
14	경기 안산시	2022. 02. 09	일반직/ 임기제 7급이하	사무국/위원회 (입법지원팀)	의원(소관업무)/ 사무국장(일반사무)	위원회
15	인천 미추홀구	2022. 02. 14	-	-	의원(소관업무)/ 사무국장(일반사무)	
16	강원 원주시	2022. 04. 08	일반직 7급이하	상임위/사무국 (정책지원팀)	의원(소관업무)/ 사무국장(일반사무)	위원회
17	충남 아산시	2022. 04. 15		사무국/위원회 (정책지원팀)	의원	의원
18	경북 문경시	2022. 04. 27	-	위원회/사무국 (전문위원실)	의원(소관업무)/ 사무국장(일반사무)	위원회
20	서울 관악구	2022. 10. 27	일반직/ 임기제 7급이하	-	사무국장이 지휘의원 지정	

	자치단체	조례 시행일	직위	배치	지휘·감독	지원방식 (의원/위원회 직접지원)
21	경남 창원시	2022. 11.15	일반직/ 임기제 7급이하	사무국/상임위 (전문위원실)	의원(소관업무)/ 사무과장(일반사무)	위원회
22	서울 양천구	2022. 12.29	일반임기제 7급이하	의회사무국 (정책지원팀)	의원(소관업무)/ 사무국장(일반사무)	의원
23	경기 성남시	2022. 12.19	일반임기제 7급	사무국/상임위 (전문위원실)	의원지휘	위원회
24	경기 수원시	2022. 12.30	일반직 7급이하	-	의원(소관업무)/ 사무국장(일반사무)	-
25	부산 동래구	2023. 01.01	일반직/ 임기제 7급이하	위원회/사무국 (위원회)	사무국장	위원회
26	경남	2023. 02.02	-	상임위/사무처 (위원회)	의원(소관업무)/ 사무처장(일반사무)	위원회
27	경남 진주시	2023. 03.17	일반직/ 임기제 7급이하	상임위/사무국 (의정지원팀)	의원(소관업무)/ 사무국장(일반사무)	위원회
28	경남 김해시	2023. 03.30	일반직/ 임기제 7급이하	사무국/위원회 (위원회)	의원(소관업무)/ 사무국장(일반사무)	위원회
29	경기 가평군	2023. 04.12	일반임기제 7급	의회사무과	의원(소관업무)/ 사무국장(일반사무)	의원
30	경기 용인시	2023. 04.27	일반직7급 이하	-	의원(소관업무)/ 사무국장(일반사무)	-
31	인천 동구	2023. 05.02	일반직/ 임기제 7급이하	상임위/사무국 (정책지원팀)	의원(소관업무)/ 사무과장(일반사무)	위원회
32	서울 강북구	2023. 05.12	일반임기제 7급	의회사무국 (정책지원팀)	의원(소관업무)/ 사무국장(일반사무)	위원회
33	서울	2023. 05.18	일반임기제 6급	의회사무처 (정책지원담당관)	의원(소관사무)	의원
34	부산 사하구	2023. 05.23	일반직/ 임기제 7급이하	위원회/사무국	의원(소관업무)/ 사무국장(일반사무)	위원회
35	부산 부산진구	2023. 05.25	-	사무국	의원(소관업무)/ 사무국장(일반사무)	의원

	자치단체	조례 시행일	직위	배치	지휘·감독	지원방식 (의원/위원회 직접지원)
36	광주 북구	2023. 05. 26	일반직/ 임기제 7급이하	위원회	의원(소관업무)/ 사무국장(일반사무)	위원회
37	서울 서대문구	2023. 05. 31	-	위원회/사무국 (정책지원팀) *의회운영위 협의 배치	의원(소관업무)/ 사무국장(일반사무)	의원
38	부산 연제구	2023. 06. 28	일반직/ 임기제 7급이하	사무국/상임위 (전문위원실)	의원(소관업무)/ 사무국장(일반사무)	위원회
39	대구 수성구	2023. 09. 20	임기제 7급이하	위원회	의원(소관업무)/ 사무국장(일반사무)	위원회
40	경기 의정부시	2023. 09. 23	-	사무국/위원회 (정책지원팀)	의원(소관업무)/ 사무국장(일반사무)	의원 정책지원팀
41	인천 부평구	2023. 09. 27	일반직/ 임기제	사무국 (정책지원팀)	의원(소관업무)/ 사무국장(일반사무)	위원회 정책지원팀
42	부산 해운대구	2023. 09. 27	일반직/ 임기제 7급이하	사무국 (정책지원팀) *사무국장이 정책지원관 담당의원 지정	의원(소관업무)/ 사무국장(일반사무)	의원 정책지원팀
43	대구 남구	2023. 11. 10	-	사무과/상임위 (전문위원실)	의원(소관업무)/ 사무과장(일반사무)	위원회
44	경기 과천시	2023. 11. 14	일반임기제 7급	의회사무과	의원지휘	의원
45	강원 춘천시	2023. 11. 16	일반직 7급이하	사무국/위원회 (전문위원실)	의원(소관업무)/ 사무국장(일반사무)	위원회
46	경기 고양시	2023. 12. 08	일반직/ 임기제	위원회 *의회운영 위 제외 배치	의원지휘, 전문위원 관리	위원회
47	인천 남동구	2023. 12. 22	일반임기제 7급	사무국/상임위 (정책지원팀)	의원(소관업무)/ 사무국장(일반사무)	위원회
48	경남 창녕군	2023. 12. 28	-	사무과/상임위 (전문위원실)	의원(소관업무)/ 사무과장(일반사무)	위원회
49	대구 북구	2023. 12. 29	-	사무국/상임위 (전문위원실)	의원(소관업무)/ 사무국장(일반사무)	위원회

	자치단체	조례 시행일	직위	배치	지휘·감독	지원방식 (의원/위원회 직접지원)
50	전북 나주시	2023. 12. 29	일반직/ 임기제	위원회	의원(소관업무)/ 사무국장(일반사무)	위원회
51	전남 무안군	2023. 12. 29	-	의회사무과 (정책지원팀)	의원(소관업무)/ 사무과장(일반사무)	의원 정책지원팀

아. 의회비 비중 제고

의회비 비중은 지방자치단체의 예산액 중 의회비와 의회사무처(과)가 지출하는 예산을 의미한다. 지방의회의 인사권 독립과 신규직원 증원, 그에 따른 업무 분장과 인력 관리에는 재정 확대가 수반될 수밖에 없다. 따라서 합리적 재정 운용를 고려하여 관련 예산을 확보해야 한다.

의회비는 의정활동비, 월정수당, 의원국내외여비, 의정운영공통경비,[06] 의회운영업무추진비, 의원역량개발비(민간·공공위탁), 의원정책개발비, 의장협의체부담금, 의원국민연금(건강)부담금으로 구성된다. 그리고 의회사무처 경비는 지방의회 운영을 위한 의정활동 추진, 의회운영 지원, 기본경비로 이루어진다.

지난 2021년부터 2023년까지 의회비 비중(%)의 변화를 보면 총액은 2021년 400조 원에서 2022년 442조 원, 2023년 477조 원으로 증액되었다. 그러나 시도별로 보면 특정 시도에 편중되어 일부 시도에서는 오히려 감소한 것으로 나타난다.

---

06 의정운영공통경비는 의회, 상임위원회, 교섭단체 명의의 공적인 의정활동을 수행하는데 소요되는 경비를 말한다.

:: **일반회계와 특별회계**

* 지방자치단체의 예산은 『일반회계』와 『특별회계』로 구분된다.
* 일반회계는 국가나 지방자치단체가 고유의 기능을 수행하기 위한 예산을 처리하는 회계를 말한다.
* 특별회계는 특정한 사업을 운영할 때, 특정한 자금을 보유하고 운용할 때, 특정한 세입으로 특정한 세출에 충당함으로써 일반의 세입세출과 구분하여 경리할 필요가 있을때 설치하는 회계를 말한다.

지방자치단체의 한 회계연도 전체예산 중 의회비 비중은 극히 낮다. 의회비 비중이 가장 높은 경남 거제시의 경우 0.86으로 1%가 채 되지 않는다. 전국 243개 지방자치단체의 의회비 비중 평균은 0.3이다. 의회비 비중이 평균 이하인 지방자치단체는 157개로 65%에 이른다. 의회비 비중이 가장 낮은 곳은 경기 용인시(0.09)로 확인된다. 용인시 다음으로 의회비 비중이 낮은 지방자치단체는 서울특별시(0.10)와 전라남도(0.11)이다. 그러나 역설적으로 의회비 비중이 낮은 지방자치단체가 예산 규모는 전국 최고 수준이다. 2023년 기준 서울시의 세입총계는 78조 원, 전남은 30조 원이다. 서울시의 2023년 재정자립도는 76.99로 전국 최고를 기록했다.

순위	의회비 비중 (%)	지자체	순위	의회비 비중 (%)	지자체	순위	의회비 비중 (%)	지자체	순위	의회비 비중 (%)	지자체	순위	의회비 비중 (%)	지자체
1	0.86	경남 거제	50	0.45	충남 청양	99	0.28	전북 진안	148	0.21	인천 미추홀	197	0.17	경기 안양
2	0.85	서울 중구	51	0.43	서울 양천	100	0.28	경북 김천	149	0.21	강원 태백	198	0.17	경기 남양주
3	0.77	서울 종로	52	0.43	인천 동구	101	0.27	부산 사하	150	0.21	충북 괴산	199	0.17	경기 의정부
4	0.74	서울 서초	53	0.43	전북 전주	102	0.27	인천 중구	151	0.21	충남 당진	200	0.17	경기 양주
5	0.74	충북 본청	54	0.43	경북 구미	103	0.27	광주 북구	152	0.21	전북 본청	201	0.17	강원 인제
6	0.73	서울 용산	55	0.42	충남 홍성	104	0.27	대전 본청	153	0.21	전남 나주	202	0.17	충남 천안
7	0.71	서울 강동	56	0.42	전북 부안	105	0.27	강원 화천	154	0.21	전남 강진	203	0.17	전북 익산
8	0.68	충북 충주	57	0.41	경기 오산	106	0.27	경남 양산	155	0.21	전남 무안	204	0.17	전남 보성
9	0.67	서울 광진	58	0.40	대구 남구	107	0.26	부산 해운대	156	0.21	경북 안동	205	0.17	전남 신안
10	0.66	서울 송파	59	0.40	대구 달서	108	0.26	강원 삼척	157	0.21	경북 상주	206	0.17	경북 청도
11	0.64	서울 동대문	60	0.40	인천 계양	109	0.26	충남 본청	158	0.21	경남 본청	207	0.17	경남 합천
12	0.64	서울 금천	61	0.40	제주 본청	110	0.26	경북 영양	159	0.20	광주 본청	208	0.16	경기 부천
13	0.62	울산 동구	62	0.39	충남 공주	111	0.25	부산 영도	160	0.20	광주 서구	209	0.16	경기 평택
14	0.62	전남 구례	63	0.39	충남 보령	112	0.25	인천 연수	161	0.20	경기 가평	210	0.16	강원 정선
15	0.61	서울 동작	64	0.39	경북 성주	113	0.25	경기 구리	162	0.20	강원 고성	211	0.16	충북 진천
16	0.61	서울 강남구	65	0.38	경기 양평	114	0.25	경기 안성	163	0.20	전북 무주	212	0.16	전남 장흥
17	0.60	서울 강서	66	0.37	경기 연천	115	0.25	전북 임실	164	0.20	전남 순천	213	0.16	전남 함평

순위	의회비비중(%)	지자체	순위	의회비비중(%)	지자체	순위	의회비비중(%)	지자체	순위	의회비비중(%)	지자체	순위	의회비비중(%)	지자체
18	0.59	충북 보은	67	0.37	강원 강릉	116	0.25	전남 목포	165	0.20	경북 포항	214	0.16	경북 영덕
19	0.58	전북 장수	68	0.37	충남 서천	117	0.25	전남 담양	166	0.20	경남 산청	215	0.16	경북 예천
20	0.57	서울 영등포	69	0.36	강원 춘천	118	0.25	경남 의령	167	0.19	부산 동	216	0.16	경남 진주
21	0.57	대전 동구	70	0.36	충남 예산	119	0.24	부산 서구	168	0.19	경기 광주	217	0.16	경남 사천
22	0.56	서울 구로	71	0.35	전북 고창	120	0.24	부산 동래	169	0.19	경기 의왕	218	0.16	경남 밀양
23	0.56	서울 관악	72	0.35	경남 창원	121	0.24	부산 남구	170	0.19	강원 동해	219	0.16	경남 남해
24	0.56	인천 옹진	73	0.34	강원 원주	122	0.24	부산 수영	171	0.19	강원 속초	220	0.16	경남 거창
25	0.55	서울 중랑	74	0.34	충북 제천	123	0.24	강원 본청	172	0.19	강원 양구	221	0.15	경기 안산
26	0.55	서울 도봉	75	0.34	충북 증평	124	0.24	경북 경산	173	0.19	전북 김제	222	0.15	경기 김포
27	0.53	서울 서대문	76	0.34	충남 금산	125	0.24	경남 함양	174	0.19	전남 영광	223	0.15	경기 군포
28	0.53	서울 마포	77	0.34	경북 고령	126	0.23	부산 북구	175	0.19	전남 진도	224	0.15	충남 태안
29	0.53	울산 중구	78	0.33	인천 부평	127	0.23	인천 서구	176	0.19	경남 통영	225	0.15	전남 고흥
30	0.53	세종 본청	79	0.33	충남 아산	128	0.23	충북 옥천	177	0.18	부산 기장	226	0.15	전남 해남
31	0.52	대구 수성	80	0.32	경기 성남	129	0.23	충남 서산	178	0.18	대구 본청	227	0.15	전남 영암
32	0.52	대전 서구	81	0.32	경기 이천	130	0.23	전북 군산	179	0.18	인천 강화	228	0.15	경북 봉화
33	0.52	대전 대덕	82	0.32	충남 부여	131	0.23	전남 화순	180	0.18	광주 남구	229	0.15	경남 김해
34	0.51	부산 중구	83	0.31	부산 부산진	132	0.22	인천 본청	181	0.18	광주 광산	230	0.14	부산 본청

순위	의회비 비중(%)	지자체	순위	의회비 비중(%)	지자체	순위	의회비 비중(%)	지자체	순위	의회비 비중(%)	지자체	순위	의회비 비중(%)	지자체
35	0.50	대전 중구	84	0.31	대구 달성	133	0.22	경기 동두천	182	0.18	경기 수원	231	0.14	경기 시흥
36	0.50	경북 군위	85	0.31	경기 여주	134	0.22	강원 영월	183	0.18	경기 화성	232	0.14	강원 홍군
37	0.49	서울 성동	86	0.31	충북 청주	135	0.22	강원 양양	184	0.18	경기 광명	233	0.14	충북 영동
38	0.48	대구 중구	87	0.30	부산 금정	136	0.22	충북 단양	185	0.18	경기 하남	234	0.14	전남 광양
39	0.48	경북 울릉	88	0.30	부산 연제	137	0.22	전북 순창	186	0.18	강원 평창	235	0.14	경북 울진
40	0.47	서울 은평	89	0.30	강원 철원	138	0.22	전남 여수	187	0.18	전북 정읍	236	0.13	경기 포천
41	0.47	대구 서구	90	0.30	경북 경주	139	0.22	전남 곡성	188	0.18	전북 남원	237	0.13	충북 음성
42	0.47	대구 북구	91	0.29	부산 사상	140	0.22	경북 본청	189	0.18	전북 완주	238	0.13	전남 완도
43	0.47	대전 유성	92	0.29	광주 동구	141	0.22	경북 영주	190	0.18	전남 장성	239	0.12	경기 파주
44	0.46	서울 강북	93	0.29	울산 본청	142	0.22	경북 영천	191	0.18	경남 함안	240	0.11	강원 횡성
45	0.46	서울 노원	94	0.29	울산 남구	143	0.22	경북 문경	192	0.18	경남 고성	241	0.11	전남 본청
46	0.46	울산 북구	95	0.29	울산 울주	144	0.22	경북 의성	193	0.18	경남 하동	242	0.10	서울 본청
47	0.45	서울 성북	96	0.29	경기 본청	145	0.22	경북 청송	194	0.17	부산 강서	243	0.09	경기 용인
48	0.45	대구 동구	97	0.29	경기 과천	146	0.22	경북 칠곡	195	0.17	인천 남동			
49	0.45	충남 계룡	98	0.28	충남 논산	147	0.22	경남 창녕	196	0.17	경기 고양			

자료) 지방재정통합공개시스템 https://www.lofin365.go.kr/portal/LF4100002.do

의회비 전국평균은 2021년 0.21%에서 2023년 0.26으로 0.05%p 증가하는게 그쳤다. 시도별 의회비 총액을 보면 대부분의 시도가 증가한 것으로 나타난다. 전국은 물론 개별 17개 시도별로 집계된 의회비 비중은 0.01%p에서 0.11%p 상승한 것으로 나타난다. 의비회 비중이 2021년 대비 감소한 곳은 4곳(서울, 광주, 충남, 제주)에 불과하다.

〈표 9〉 지방의회 의회비 비중 증감(2021~2023) (단위: %)

	2021년	2023년	증감		2021년	2023년	증감
전국계	0.21	0.26	0.05	경기계	0.13	0.24	0.11
서울계	0.28	0.29	△0.01	강원계	0.24	0.25	0.01
부산계	0.18	0.19	0.01	충북계	0.23	0.49	0.25
대구계	0.23	0.28	0.05	충남계	0.30	0.28	△0.02
인천계	0.19	0.24	0.05	전북계	0.22	0.25	0.03
광주계	0.22	0.21	△0.01	전남계	0.13	0.16	0.08
대전계	0.29	0.36	0.07	경북계	0.23	0.24	0.01
울산계	0.31	0.33	0.02	경남계	0.13	0.24	0.12
세종계	0.48	0.53	0.05	제주계	0.43	0.40	△0.03

자료) 지방재정365 지방재정통합공개시스템. https://www.lofin365.go.kr/portal/LF4100002.do

그러나 개별 시도의 지방자치단체 단위로 보면 다른 결과가 나온다. 의회비 비중이 감소한 지방자치단체는 전국 243개 지방자치단체 중 82곳이다. 시도별로는 서울 11곳, 부산 4곳, 광주 5곳, 경기 9곳, 강원 8곳, 충북 3곳, 충남 6곳, 전북 4곳, 전남 10곳, 경북 13곳, 경남 8곳, 제주 1곳이다.

<표 10> 지자체 세출예산 대비 의회비 비중 감소 자치단체(2021~2023)　　(단위: 백만원)

자치단체		연도	의회비 비중 (%)	의회비	의회사무처경비	일반회계예산액
서울	본청	2021	0.13	10,749	26,659	27,725,767
		2023	0.1	11,177	23,341	33,466,084
	종로	2021	0.9	856	2,984	427,757
		2023	0.77	894	2,815	483,189
	용산	2021	0.81	958	2,840	470,842
		2023	0.73	1,000	3,364	594,018
	중랑	2021	0.57	1,226	3,233	785,719
		2023	0.55	1,278	4,179	995,526
	성북	2021	0.6	1,559	3,206	788,876
		2023	0.45	1,597	2,730	952,705
	강북	2021	0.49	1,070	2,497	725,937
		2023	0.46	1,085	2,915	878,483
	은평	2021	0.5	1,359	3,014	870,000
		2023	0.47	1,466	3,549	1,070,000
	서대문	2021	0.65	1,095	3,210	663,500
		2023	0.53	1,109	2,832	737,100
	마포	2021	0.71	1,269	3,339	651,363
		2023	0.53	1,353	2,569	738,374
	영등포	2021	0.64	1,168	3,184	677,164
		2023	0.57	1,205	3,325	797,450
	관악	2021	0.61	1,479	3,291	779,450
		2023	0.56	1,660	3,674	954,879
부산	동구	2021	0.23	450	179	279,589
		2023	0.19	475	191	343,530
	동래	2021	0.3	847	300	384,026
		2023	0.24	907	249	475,657
	남구	2021	0.27	913	352	466,083
		2023	0.24	889	438	557,254
대구	남구	2021	0.45	496	1,232	380,000
		2023	0.4	514	1,332	460,000

자치단체		연도	의회비 비중 (%)	의회비	의회사무처경비	일반회계예산액
광주	서구	2021	0.29	815	695	524,329
		2023	0.2	906	381	654,229
	남구	2021	0.23	614	397	445,232
		2023	0.18	691	264	521,528
	북구	2021	0.27	1,151	1,043	802,607
		2023	0.27	1,350	1,262	975,342
	광산	2021	0.2	985	434	704,348
		2023	0.18	1,132	392	867,499
울산	남구	2021	0.35	936	858	518,570
		2023	0.29	970	893	638,391
경기	부천	2021	0.17	1,959	844	1,636,999
		2023	0.16	1,939	1,285	1,971,027
	광명	2021	0.2	866	566	728,883
		2023	0.18	841	768	886,744
	안산	2021	0.16	1,546	960	1,608,743
		2023	0.15	1,539	1,034	1,732,531
	군포	2021	0.17	643	417	629,092
		2023	0.15	691	411	723,321
	용인	2021	0.1	2,119	0	2,203,638
		2023	0.09	2,449	141	2,805,809
	안성	2021	0.28	577	1,682	811,522
		2023	0.25	597	1,840	988,413
	화성	2021	0.27	1,671	4,028	2,098,922
		2023	0.18	2,096	2,887	2,784,770
	광주	2021	0.22	685	1,361	921,597
		2023	0.19	793	1,266	1,090,002
	여주	2021	0.34	489	1,695	642,367
		2023	0.31	493	1,989	807,036
강원	원주	2021	0.36	1,550	2,915	1,236,243
		2023	0.34	1,721	2,876	1,364,714
	동해	2021	0.22	527	349	401,000
		2023	0.19	549	342	471,934

자치단체		연도	의회비 비중 (%)	의회비	의회사무처경비	일반회계예산액
강원	속초	2021	0.21	488	307	371,295
		2023	0.19	474	357	431,647
	횡성	2021	0.14	396	214	446,540
		2023	0.11	409	197	552,893
	평창	2021	0.22	509	508	460,866
		2023	0.18	537	420	537,333
	인제	2021	0.18	410	329	419,786
		2023	0.17	474	470	545,015
	고성	2021	0.37	487	815	349,869
		2023	0.2	510	316	414,279
	양양	2021	0.27	419	419	312,418
		2023	0.22	460	459	413,894
충북	영동	2021	0.16	455	304	474,595
		2023	0.14	523	320	591,498
	음성	2021	0.14	484	280	546,461
		2023	0.13	499	430	691,354
	증평	2021	0.35	429	350	220,239
		2023	0.34	471	408	258,454
충남	본청	2021	0.31	3,818	18,660	7,225,893
		2023	0.26	4,512	16,957	8,204,500
	공주	2021	0.41	719	2,055	680,500
		2023	0.39	766	2,323	799,000
	아산	2021	0.38	1,026	2,533	945,900
		2023	0.33	1,148	3,295	1,364,700
	논산	2021	0.49	790	2,975	767,235
		2023	0.28	817	1,606	868,922
	금산	2021	0.41	487	1,431	466,385
		2023	0.34	483	1,371	552,676
	부여	2021	0.33	630	1,395	618,000
		2023	0.32	694	1,587	723,400

자치단체		연도	의회비 비중 (%)	의회비	의회사무처경비	일반회계예산액
전북	익산	2021	0.18	1,584	783	1,326,889
		2023	0.17	1,616	1,063	1,546,999
	정읍	2021	0.22	1,064	786	848,503
		2023	0.18	1,088	818	1,040,950
	남원	2021	0.19	986	611	847,197
		2023	0.18	1,003	785	973,563
	임실	2021	0.26	510	578	426,332
		2023	0.25	578	659	494,219
전남	보성	2021	0.19	599	305	483,179
		2023	0.17	579	348	555,872
	장흥	2021	0.2	474	420	455,408
		2023	0.16	478	320	497,681
	강진	2021	0.22	554	281	376,873
		2023	0.21	544	412	460,727
	해남	2021	0.16	695	471	750,550
		2023	0.15	762	471	836,864
	무안	2021	0.24	537	674	511,930
		2023	0.21	607	607	580,919
	함평	2021	0.17	399	335	420,290
		2023	0.16	452	362	501,076
	영광	2021	0.22	539	539	491,764
		2023	0.19	560	578	591,299
	완도	2021	0.15	561	238	530,490
		2023	0.13	630	156	623,709
	진도	2021	0.2	448	261	348,072
		2023	0.19	475	395	451,050
	신안	2021	0.18	680	345	561,110
		2023	0.17	694	423	647,259
경북	안동	2021	0.22	1,057	1,345	1,113,500
		2023	0.21	1,157	1,505	1,247,500

자치단체		연도	의회비 비중 (%)	의회비	의회사무처경비	일반회계예산액
경북	영주	2021	0.25	818	899	690,000
		2023	0.22	874	1,004	862,300
	영천	2021	0.28	783	1,176	710,000
		2023	0.22	736	1,219	896,800
	군위	2021	0.51	403	1,259	324,612
		2023	0.5	408	1,540	390,783
	의성	2021	0.25	797	504	522,300
		2023	0.22	784	610	619,700
	청송	2021	0.23	440	347	349,400
		2023	0.22	462	484	428,970
	영덕	2021	0.18	480	310	434,000
		2023	0.16	456	456	569,210
	청도	2021	0.2	478	448	455,001
		2023	0.17	485	453	567,185
	칠곡	2021	0.25	631	579	480,000
		2023	0.22	651	686	601,000
	예천	2021	0.19	407	450	461,245
		2023	0.16	561	396	596,200
	봉화	2021	0.18	442	278	395,879
		2023	0.15	474	265	488,586
	울진	2021	0.19	433	405	430,000
		2023	0.14	477	301	558,000
	울릉	2021	0.54	429	633	197,200
		2023	0.48	509	629	238,500
경남	통영	2021	0.26	839	839	644,929
		2023	0.19	868	551	755,265
	사천	2021	0.21	711	662	640,794
		2023	0.16	797	553	833,880
	밀양	2021	0.22	830	830	766,217
		2023	0.16	868	709	960,878

자치단체		연도	의회비 비중 (%)	의회비	의회사무처경비	일반회계예산액
경남	의령	2021	0.31	634	453	356,036
		2023	0.25	651	401	428,224
	창녕	2021	0.25	703	581	517,017
		2023	0.22	712	652	606,876
	고성	2021	0.29	686	847	521,555
		2023	0.18	706	378	614,266
	남해	2021	0.21	606	270	425,516
		2023	0.16	609	262	532,762
제주	본청	2021	0.43	3,925	17,076	4,904,689
		2023	0.40	4,215	19,367	5,873,111

자료) 지방재정365 지방재정통합공개시스템. https://www.lofin365.go.kr/ 재구성

현행 지방 의회의 위상이 집행기관에 비해 상대적으로 낮은 '강(强) 시장-약(弱)의회' 체제인 점과 집행기관 인력 대비 의회사무인력의 비율이 현저히 낮다는 점, 그리고 집행부에 대한 의회의 견제와 감시를 지방자치 운영의 기본원칙으로 삼고 있다는 점 등을 고려할 때 의회지원역량 강화를 위해 의회비 비중은 확대되어야 한다

지방의회 의회사무직원의 인사권을 단체장에서 의장으로 이양하는 내용의 「지방자치법」이 시행된 2022년을 기점으로 2021년 대비 2023년의 의회비 비중(%)이 감소한 곳은 81곳에 이른다. 시도별로는 서울이 26곳 중 11곳 감소했고, 부산은 17곳 중 3곳 감소했다. 또한 대구 9곳 중 1곳, 광주 6곳 중 4곳, 울산 6곳 중 1곳, 경기 32곳 중 9곳, 강원 19곳 중 8곳, 충북 12곳 중 3곳, 충남 16곳 중 6곳, 전북 15곳 중 4곳, 전남 23곳 중 10곳, 경북 24곳 중 13곳, 경남 19곳 중 7곳 감소했다. 제

주와 대전의 경우 모든 곳에서 감소했다.

2021년 책정된 의회비가 2023년에도 동일하게 유지된 곳은 25곳이다. 그리고 의회비 비중의 감소폭이 가장 큰 곳은 충남 논산으로 0.49에서 0.28로 0.21%p 감소했다. 반대로 감소폭이 가장 작은 곳은 경기부천을 비롯해 안산, 인제, 증평, 음성, 부여, 익산, 남원, 임실, 강진, 해남, 함평, 진도, 신안, 안동, 군위, 청송 등으로 0.01에 불과하다.

자. 비례대표 의석 비율 확대

현행 지방의회 선거제도는 낮은 비례성을 보인다. 낮은 비례성의 원인은 지역구 의석보다 비례대표 의석의 비중이 낮기 때문이다. 비례대표 의석의 규모가 지역구 의석의 10%에 불과하다. 이렇게 낮은 비례대표 의석 비율로는 지역구선거에서 발생하는 득표와 의석의 불비례를 완화하지 못한다.

비례대표제는 다원화된 사회에서 정치적 소수 대표와 직능대표 의기능을 수행하지만, 우리와 같은 혼합식 선거제도에서는 지역구선거의 불비례를 조정하는 기능도 매우 중요하다. 그러나 현행 제도는 비례대표가 온전히 그 기능을 수행하기 어렵다.

낮은 비례성은 유권자의 표심을 왜곡시키는 결과를 가져올 수 있다. 선거제도가 지향하는 본질적 의의와 취지가 유권자의 의사를 왜곡 없이 대표 선출에 정확하게 반영하는 데 있다는 점에서 현행 제도의 낮은 비례성은 시급히 개선되어야 할 과제라고 할 수 있다(김종갑 2018, 19-20).

모저와 쉐이너(Moser and Scheiner 2004, 2)에 따르면 연동형의 비례대표 의석 비율이 최소 50%는 되어야 비례성을 보장할 수 있다. 물론 비례성이 담보되기 위해서는 일정 수준 이상의 비례대표 의석 비율이 필요한 것은 맞다. 또 비례대표 의석 비율이 높지 않으면 초과의석이 발생해 불비례가 심화될 수 있다(박범종 2022, 26; 오성택 2020; 홍완식 2020, 304; 진시원 2020, 62; 음선필 2019, 59; 김연진 2021; 김형철 2020, 7). 또한 직능대표와 사회적 소수대표의 기능을 제고하기 위해서는 비례대표 의석 비율을 높일 필요가 있다.

2005년 8월 4일 「공직선거법」 개정으로 2006년 지방의회선거부터 광역의회의원선거에 이어 기초의회의원선거에서도 비례대표제가 도입되었다. 비례대표 의석수로는 광역의회의 경우 비례대표 의석은 지역구 의석의 10%로 2~13석 정도이며, 기초의회의 경우도 비례대표 의석이 총 의석의 10%로 1~5석에 불과하다. 지방의회에서 지역패권 정당의 의석독점을 막고 대안세력의 등장을 용이하게 하기 위해서는 비례대표 의석의 확대가 필요하다. 비례대표 의석의 비율을 높여야 소수의 지지를 받는 군소정당도 지방의정에 참여할 수 있으므로 정당 간 건전한 경쟁구도 조성과 의회의 민주적 대표성 확보에 기여할 수 있다. 그리고 비례대표 의석수가 미미한 수준이기 때문에 다양한 정당의 원내 진입을 촉진시켜 의회 다양성을 강화하기 어렵다.

비례성에 영향을 미치는 요인으로 비례선거구의 수와 크기를 들 수 있다. 비례선거구의 수가 많을수록 선거구 구분에 따른 사표가 발생하여 정당의 의석점유 가능성은 낮아진다. 그러나 비례선거구의 크기는 군소정당의 의석점유율에 큰 영향을 미치는 요인이라 할 수 있다. 비례선거구의 크기가 작을 경우 득표율이 낮은 군소정당에게 비례대표 의석이 돌아갈 가능성이 낮다. 반대로, 비례선거구의 크기가 클수록 군소정당의 의석확보 가능성은 높아진다.

비례대표 의석배분방식도 비례성에 큰 영향을 미친다. 의석배분방식은 크게 나눔수식(divisor method)과 쿼터식(quota method)으로 구분되는데, 나눔수식에는 동트식(d'Hondt method)과 셍뜨-라귀식(sainte-Laguë method)이, 쿼터식에는 헤어식(hare method)이 대표적이다. 어떤 의석배분방식이 군소정당 또는 거대 정당에 유리한가는 득표를 의석으로 전환했을 때 소수점 이하가 의석으로 어떻게 처리되는가에 달려 있다. 동트식의 경우 소수점 이하의 수를 인정하지 않기 때문에 군소정당보다는 거대 정당에 유리하다. 반면, 셍뜨-라귀식은 0.5를 기준으로 그 이상이면 절상(round up), 그 이하일 경우 절하(round down)가 이루어지기 때문에 군소정당에 유리하다. 헤어식의 경우도 소수점 이하의 수가 큰 순으로 의석이 배분되는 방식이기 때문에 군소정당에 유리하다.

차. 교섭단체 구성요건 완화

교섭단체는 원내 정파 간 의사진행에 관한 안건을 통합하거나 조정하는 등 협의를 원활히 하기 위해 일정한 수 이상의 의원들로 구성된 의원 단체를 말한다. 교섭단체는 하나의 정당 소속 의원 또는 소수정당이나 무소속의원이 연대하여 구성할 수 있다. 국회의 경우 교섭단체를 구성할 수 있는 의원수는 20명이지만, 지방의회의 경우 3명에서 12명까지 다양하다.

국회는 1949년 7월 29일 국회법을 개정하면서 교섭단체 설치의 법적 근거를 마련하였다. 그에 비해 지방의회의 교섭단체 설치는 뒤늦게 이루어졌다. 1991년 지방자치제도 부활 이후 광역의회 중에는 경기도의회가 최초로 교섭단체 구성을 조례로 제정하였고, 기초의회 중에는 2005년 안산시의회가 교섭단체 관련 규정을 명문화했다. 대부분의 지방의회 교섭단체 구성 근거는 2022년 1월 13일 「지방자치법」 전면개정 이후 본격화되었다.

2024년 현재 교섭단체가 구성·운영되고 있는 지방자치단체는 전국 243개 지방자치단체 중 64곳이다. 이중 광역지방자치단체는 17곳, 기초지방자치단체는 57곳이다.

교섭단체는 법률이 아닌 개별 지방자치단체의 조례에 근거하여 구성된다. 「지방자치법」 제63조의2제1항에 따르면 조례로 정하는 수 이상의 소속 의원을 가진 정당은 하나의 교섭단체를 구성할 수 있다. 따라서 개별 지방자치단체의 교섭단체 인원 기준은 지방의회마다 제각각이다. 다만, 법제처는 기초의회 교섭단체 구성요건으로 최소 3명을 권고한다.

교섭단체는 의회운영의 효율성을 높이고 원 구성을 비롯한 의사결정과정의 정치적 갈등을 해소하는 기제로 작동한다. 교섭단체 구성요건이 지나치게 높으면 의회 내 소수 정치세력의 목소리가 반영되기 어렵다.

지방의회의 개별 조례 또는 회의규칙에서 규정하고 있는 교섭단체 구성요건은 지방의회마다 의원정수 기준 없이 제각각이다. 12명이 가장 높고, 3명이 가장 낮다. 교섭단체 구성요건이 3명인 의회가 33곳으로 가장 많고, 5명이 17곳, 4명 6곳, 2명 2곳, 6명 3곳, 8명, 9명, 10명, 12명이 각각 1곳이다.

구성요건이 같아도 의원정수 대비 비율은 차이를 보인다. 예컨대, 구성요건이 3명으로 같아도 가평군의회의 경우 의원정수 대비 30%에 해당하는 반면, 용인시의회의 경우 전체 의원정수 대비 10%에도 못 미친다.

현재 지방의회 대부분이 거대양당 위주의 의석분포를 보이는 상황에서 교섭단체의 구성요건을 대폭 완화할 필요가 있다. 교섭단체 구성이 개별 자자체의 조례에 일임하는 방식이기 때문에 같은 의원정수인데도 교섭단체 구성요건이 다른 상황이 발생한다. 교섭단체 요건이 같아도 지방자치단체마다 의원정수 대비 구성요건의 비율은 모두 다르다. 비율이 높은 곳에서 요건이 높으면 교섭단체 구성 가능성이 낮아진다. 따라서 비율이 높은 곳에서는 낮은 곳보다 교섭단체 구성요건을 더 낮출 필요가 있다.

「지방자치법」에 교섭단체의 교섭단체 구성의 상·하한 규정을 마련해야 한다. 이를 통해 교섭단체 구성요건을 하향조정하고 지방자치단체별 의원정수에 비례하도록 정해야 한다. 교섭단체 구성의 의석기준 (electoral threshold)을 낮춰 교섭단체가 의회운영의 실질적 구심점으로 정착할 수 있도록 해야 한다. 교섭단체는 의회 예산지원의 대상이기도 하다. 교섭단체를 운영하고 있는 지방의회는 의정운영 공통경비의 일부를 교섭단체 지원경비로 책정하고 있다. 구성요건을 낮춰 예산지원이 거대양당에 집중되지 않고 소수 정파에게도 배분될 수 있도록 해야 한다.

<그림 3> 지방의회 교섭단체 구성 의원수

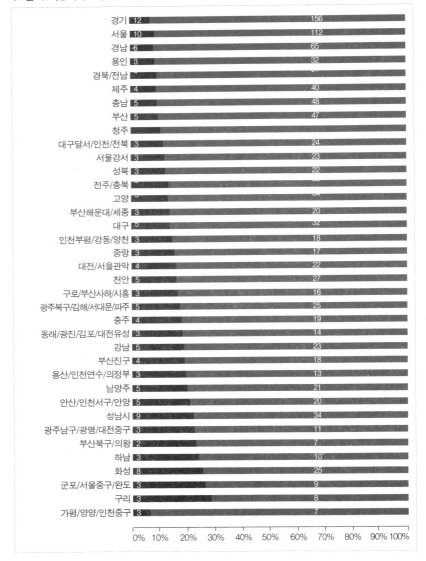

PART 6
광역의회의원선거
당선인 결정방식

1. 준연동형 비례대표제: 실패한 제도실험

가. 위성정당 출현의 취약성

2020년 제21대 총선에서 처음 도입된 준연동형 비례대표제는 연동형에 병립형을 가미한 방식이다. 연동형에서는 지역구 의석 점유율이 높은 거대 정당은 비례대표 의석을 적게 가져가지만, 지역구 의석 점유율이 낮은 군소 정당은 상대적으로 많은 비례대표 의석을 확보할 수 있다. 그런 점에서 준연동형 비례대표제는 병립형의 단점인 거대 정당의 의석집중을 완화하면서 거대 정당에도 비례대표 의석이 배분될 수 있도록 고안된 방식이다.

그러나 준연동형 비례대표제는 정당간 의석 점유의 불균형 완화라는 본래의 취지를 달성하지 못해 '실패한 제도실험'이라는 평가를 받는다(채진원 2022; 박범종 2022; 홍은주 외 2021; 김형철 2020; 길정아 2020; 진시원 2020). 그 근거로 위성정당의 출현이 지적된다. 거대 정당은 지역구 선거에서만 후보를 내고 위성정당으로 하여금 비례대표 후보만 출마시켜 대부분의 비례대표 의석을 차지한다. 지난 제21대 총선에서 거대 양당의 비례위성정당인 더불어시민당과 미래한국당이 가져간 비례대표 의석은 36석으로 전체 비례대표 의석 총수의 76%에 달한다. 거대 양당의 위성정당 창당으로 기대했던 비례성 제고는 물론 정치 다양성 보장도 실현되지 못했다. 준연동형 비례대표제의 도입 취지가 훼손되었고, 연동형 비례대표제의 확대 실시도 설득력을 잃게 되었다

2023년 7월 20일 헌법재판소는 준연동형 비례대표제를 규정한 현행「공직선거법」제189조제2항 등에 대한 헌법소원 심판청구를 재판관 전원일치 의견으로 기각 결정했다. 해당 조항이 헌법에 명시된 보통·평등·직접·비밀선거의 원칙과 자유선거 등 투표가치를 왜곡하거나 선거대표성의 본질을 침해한다고 볼 수 없다는 것이다.[01]

나. 의석배분 상쇄 메커니즘의 불안정성

연동형 비례대표제에서는 지역구 의석 점유율이 높은 거대 정당에는 비례대표 의석이 배분되지 않는 반면, 지역구 의석 점유율이 낮은 소수정당에 비례대표 의석이 집중된다.

이처럼 연동형 비례대표제에서 지역구 의석 점유와 비례대표 의석 점유가 상호 보충적으로 기능할 수 있는 것은 '상쇄'가 작동하기 때문이다. 예컨대, 총 의석이 100석이고, A당과 B당의 지역구 의석이 각각 40석, 10석, 정당득표율이 70%, 30%라고 가정하자. A당의 비례대표 의석은 정당득표율에 따른 총 배분의석 70석에서 지역구 의석 40석을

---

01 헌재 2023. 12. 25. 2019헌마1443 결정.

뺀 30석이 된다.

그러나 병립형에서는 비례대표 의석 산출이 지역구 의석 점유와 무관하다. 비례대표 의석으로 할당된 의석만을 대상으로 각 정당의 정당 득표율에 따라 비례대표 의석이 결정된다. 따라서 병립형에서 A당의 비례대표 의석은 35석이 된다. B당의 비례대표 의석은 연동형에서 20석, 병립형에서 15석이 된다.

정당득표율 대비 의석점유율을 보면 연동형이 병립형보다 높은 비례성을 보인다. 연동형에서는 A당과 B당의 의석점유율이 정당득표율과 일치하지만, 병립형에서는 A당은 과대대표되고 B당은 과소 대표된다.

〈표 1〉 연동형의 지역구 의석과 비례대표 의석 간 상쇄

		정당득표율	배분의석	지역구 의석	비례대표 의석	총 의석	상쇄
연동형	A당	70%	70석	40석	30석(70-40)	70석	작동
	B당	30%	30석	10석	20석(30-10)	30석	
병립형	A당	70%	-	40석	35석	75석	작동 불가
	B당	30%	-	10석	15석	25석	

준연동형 비례대표제는 병립형에 연동형을 접목한 방식이다. 따라서 연동형의 상쇄 메커니즘이 작동해야 한다. 실제로 상쇄가 작동하는지는 시뮬레이션을 통해 검증해 볼 수 있다. 예컨대, 지역구 의석을 증가시켰을 때 비례대표 의석이 줄어들고 총 의석의 변동이 없으면 상쇄가 작동하는 연동형이라고 할 수 있다. 그러나 지역구 의석 증가에 비

례대표 의석은 변동이 없고 총 의석이 증가하면 연동형이 아닌 병립형이라 할 수 있다.[02]

〈표 2〉와 같이 총 의석 97석 중 지역구 의석이 50석, 비례대표 의석이 47석(연동배분 30석, 병립배분 17석)이라고 가정하자. B당의 지역구 의석을 1석 줄이고, 그 대신 D당의 지역구 의석을 1석 늘렸을 때(②), B당의 연동배분 의석은 1석 늘어나고, D당의 연동배분 의석은 1석 줄어든다. 그러나 총 의석은 변동이 없다. 지역구 의석이 줄어든 만큼 연동배분 의석이 늘어나고 총 의석이 유지되기 때문에 연동형의 상쇄가 제대로 작동했다고 할 수 있다.

그러나 B당의 지역구 의석을 2석 줄이고, D당의 지역구 의석을 2석 늘리면(③), A당과 B당의 연동배분 의석은 각각 1석 늘어나고, D당의 연동배분 의석은 1석 줄어든다. 총 의석은 A당에서 1석 증가하고, B당에서 1석 줄어든다. ④는 B당의 지역구 의석을 3석 줄이고, D당의 지역구 의석을 3석 늘린 경우이다. 연동배분 의석은 B당에서 2석 늘어나고, D당에서 2석 줄어든다. 총 의석은 B당이 3석 줄어들고, D당은 3석 늘어난다. 이처럼 준연동형 비례대표제는 비례대표 의석 증가에 연동형이 불규칙하게 작동하는 불안정한 결과를 보인다.

---

02 상쇄의 작동 여부로 준연동형 비례대표제의 설계 오류 가능성을 검증해볼 수 있다. 부록 참조.

〈표 2〉 준연동형 비례대표제의 상쇄 작동 시뮬레이션

		A당	B당	C당	D당	E당	계
	정당득표	9,441,520	9,307,112	2,697,956	1,896,719	1,512,763	24,856,070
	득표율(%)	0.3798477	0.3744402	0.1085431	0.0763081	0.0608609	1
	지역구 의석	26	16	5	3	0	50
①	연동배분 1단계	5.423	10.160	2.764	2.201	2.952	2.3500
	2단계	5	10	3	2	3	23
	3단계	6.522	13.043	3.913	2.609	3.913	30.000
	4단계	6	13	3	2	3	27
	5단계	0	0	1	1	1	3
	계	6	13	4	3	4	30
	병립배분 1단계	6.457	6.365	1.845	1.297	1.035	-
	2단계	6	6	1	1	1	-
	3단계	1	0	1	0	0	-
	계	7	6	2	1	1	17
	총 의석	39	35	11	7	5	97

		A당	B당	C당	D당	E당	
②	지역구	26	15(-1)	5	4(+1)	0	50
	비례 연동	6	14(+1)	4	2(-1)	4	30
	비례 병립	7	6	2	1	1	17
	계	39	35	11	7	5	97

		A당	B당	C당	D당	E당	
③	지역구	26	14(-2)	5	5(+2)	0	50
	비례 연동	7(+1)	14(+1)	4	1(-2)	4	30
	비례 병립	7	6	2	1	1	17
	계	40(+1)	34(-1)	11	7	5	97

		A당	B당	C당	D당	E당	
④	지역구	26	13(-3)	5	6(+3)	0	50
	비례 연동	6	15(+2)	4	1(-2)	4	30
	비례 병립	7	6	2	1	1	17
	계	39	34(-1)	11	8(+1)	5	97

주) 연동배분 1단계 산식(A당): (97×0.3798477-26)/2. 연동배분 3단계 산식(A당): 5/23×30. 병립배분 1단계 산식(A당): 0.3798477×17.

다. 초과의석 처리방식의 모호성과 비논리성

준연동형 비례대표제의 초과의석 처리방식은 모호하고 비논리적이다. 초과의석이 발생하면 해당 정당의 비례대표 의석을 0으로 설정하는 것으로 처리한다. 0으로 설정한다는 것은 다른 정당의 비례대표 의석을 초과의석 수만큼 감산한다는 의미이다. 이 경우 일반적인 연동형 비례대표제라면 0으로 설정하는 동시에 다른 정당의 비례대표 의석을 바로 감산해야 한다. 그런데 준연동형 비례대표제는 직접적인 감산과정 없이 비논리적 과정을 거치도록 한다.

예를 들어, ⟨표 3⟩에서 A당이 정당득표 없이 지역구 의석만 획득해 252석이 초과의석이 된 경우를 가정해 보자. 준연동형 비례대표제에서는 득표 비례 배분의석에서 지역구 의석을 감산한 의석수의 절반에 해당하는 의석수를 산출한 후, 이를 소수점 첫째 자리에서 반올림하고, 다시 의석률에 따라 조정의석으로 축소하는 복잡한 과정을 거친다.[03]

⟨표 3⟩ 준연동형 비례대표제의 초과의석 처리

	정당득표	득표비례 배분	지역구 (A)	배분-지역 ÷2	반올림	조정의석 산출(B)			병립 (C)	계 (A+B+C)
						1차배분	2차배분	소계(B)		
A당	0	0	252	0	0	0	-	0	0	252
A-1당	9,441,520	121	0	60.5	61	12.11	-	12	7	19
B당	9,307,112	120	0	60	60	11.92	1	12	7	19
C당	2,697,956	35	0	17.5	18	3.58	1	4	2	6
D당	1,896,719	24	1	11.5	12	2.38	-	2	1	4
계	23,343,307	300	253석	149.5	151	28	2	30	17	300

주) A-1당은 A당의 위성정당.

준연동형 비례대표제와 달리 다른 연동형 비례대표제 국가들은 비교적 간단하고 이해하기 쉬운 방법으로 초과의석을 처리한다. 준연동형처럼 의석률에 따라 축소조정하는 방법을 사용하지도 않는다. 연동형 비례대표제 국가들은 초과의석이 발생하면 초과의석 수만큼 다른 정당의 비례대표 의석을 득표율에 따라 감산하는 방법을 사용한다.

스웨덴, 덴마크 등 스칸디나비아 국가들도 연동형 비례대표제와 동일한 방식으로 초과의석을 처리한다. 초과의석이 발생하면 해당 정당의 초과의석은 고정시키고, 과소대표된 정당에 비례대표 의석을 득표율에 따라 배분하면 총 의석의 증가 없이 초과의석이 처리된다.

:: **초과의석 발생**

* 초과의석은 (준)연동형에서만 발생하는 현상이 아니다. 초과의석은 스웨덴, 덴마크, 오스트리아, 에스토니아 등 비례대표제 국가에서도 발생한다. 이 국가들은 초과의석이 발생하면 그에 따른 의원정수 확대를 막기 위해 다른 정당의 비례의석을 감산한다. 이들 국가에서도 준연동형과 마찬가지로 초과의석이 발생하면 다른 정당 비례의석을 감산하여 총 의석의 확대를 막는다.
* 연동형에서 상쇄란 지역구 의석과 비례의석이 배분의석 내에서 상호 조정되는 메커니즘을 의미한다. 상쇄의 목적은 특정 정당의 의석증가가 총 의석 증가로 이어지는 것을 막기위한 것이다. 독일은 초과의석이 발생하면 '주(州)간 차감'과 '정당간 보정'을 적용한다. 그에 비해 한국은 '정당간 차감'을 적용한다.
* 연동형에서 득표율로 정해진 배분의석 중 지역구 의석을 감산한 나머지의석이 비례의석이 된다. 따라서 상쇄가 작동해야 지역구 의석이 많을수록 그만큼 비례의석이 적어지고, 반대로 지역구 의석이 적을수록 비례의석이 많아지게 된다.

03 1단계: [(국회의원정수-무소속의석)×해당 정당의 정당득표율 - 해당 정당의 지역구 의석수] / 2. 2단계: 1단계 값의 소수점 첫째 자리 반올림. 3단계: 조정의석 산출

2. 권역별 복합형 비례대표제 설계

가. 연동형과 병립형의 장점 조화

지방의회 선거제도와 같이 지역구선거와 비례대표선거의 혼합식 선거제도는 기본적으로 다수대표제와 비례대표제를 조화롭게 구현할 수 있는 제도유형(the best of both worlds)이라는 장점을 갖고 있다(Shugart et al. 2001; Linhart et al. 2019). 따라서 지방의회 선거제도 개혁방안은 혼합식 선거제도의 틀을 유지하되 연동형과 병립형의 효과가 나타나도록 할 필요가 있다.

병립형 하에서 비례성을 높이는 방법은 비례대표 의석의 비중을 높이는 방법 외에는 없다. 현행 지방의회 선거제도를 연동형 비례제로 전환하자는 주장은 비례성을 높이기 위한 취지이다. 연동형 비례제는 정당이 얻은 득표율에 비례해 의석수가 결정되는 방식이므로 비례성이 높은 선거결과를 보일 수 있다. 연동형은 동일한 조건 예컨대, 비례대표 의석의 비율, 의석배분 봉쇄조항, 선거구의 수 등에서 병립형 혼합제보다 월등히 높은 비례성을 보일 수 있다. 연동형과 병립형을 비례대표 의석 의석배분에 혼합하여 적용하면 거대 정당도 비례대표 의석을 확보할 수 있고, 거대 정당이 위성정당을 창당할 유인도 낮출 수 있다.

나. 위성정당 출현 차단

권역별 복합형은 권역 단위 의석배분이라는 점만으로도 위성정당의 출현을 억제하는 효과를 보일 수 있다. 거대 정당이 권역별로 지지자를 동원해 모(母)정당과 위성정당에 정당득표가 분산되도록 하기는 쉽지 않다. 까다로운 정당설립요건을 충족하면서까지 권역마다 위성정당을 창당하는 것이 실익이 없다고 판단할 수 있을 것이다.

위성정당의 출현을 억제할 수 있는 방안은 다양한 측면에서 해법을 모색해볼 수 있다. 예컨대, 지역구 후보와 비례대표 후보를 동일시하는 중복입후보제는 위성정당 차단에 유의미한 효과를 보일 수 있다. 또한 교섭단체 구성을 현행대로 서로 다른 정당 소속의원들에게도 허용하되 위성정당 여부를 심의하는 절차를 마련하는 방안도 고려해볼 수 있을 것이다.

현 제21대 국회에서 강민정 의원이 발의한 「공직선거법 일부개정법률안」(2115991)을 광역의회의원선거에 적용해 볼 수 있다. 광역의회 비례대표 투표용지에 지역구 시도의회 선거에 후보를 내지 않은 정당의 기호와 정당명도 표시하게 하면, 정당투표가 지역구 후보만 추천한 모정당에 들어가기 때문에 비례대표 의석이 줄어들게 된다. 거대정당이 지지자들에게 전략적 동원투표를 유도할 수 있으나 위성정당 차단 효과를 기대할 수 있을 것이다.

공천의 민주성과 투명성을 제도화하는 방안도 매우 중요하다. 지난 2020년 12월 9일 「공직선거법 일부개정법률안」의 국회 본회의 통과로 삭제된 비례대표 후보 추천절차를 다시 부활시켜야 한다. 해당 규정은 각 정당이 중앙선관위에 미리 제출한 당헌·당규에 따라 민주적 절차로 진행하였고, 후보자 등록시 미리 제출한 후보자 추천절차에 따라 후보자를 선출하였음을 회의록을 통해 증명하여야 하고 이를 위반하면 후보자 등록을 무효로 하는 내용이다.[04]

:: **위성정당 차단 방안**

* 제21대 국회에서는 다양한 위성정당 창당 방지 법안들이 발의되었다. 2022. 1. 28. 민형배의원이 발의한 「공직선거법」 개정안(2114624)은 지역구 의석수 50% 이상 추천정당의 비례대표 의석수 50% 추천을 의무화하는 내용이다. 그러나 이 법안은 지역구 의석 50% 미만 추천 정당도 비례대표 추천이 가능하기 때문에 실효성이 떨어진다. 예컨대, 거대 정당이 위성정당과 지역구 출마 후보수를 분할하는 편법을 사용할 수 있다. 모(母)정당이 지역구 의석의 일부를 위성정당 창당에 이용하고 비례대표 후보를 출마시키면 위성정당의 비례대표 의석 점유를 막기 어렵다.
* 박성준 의원안(2023.04.11., 2121270)은 지역구 의석 범위 내 30% 이상을 추천한 정당은 비례대표 의석 범위 내 30% 이상 후보자를 추천하도록 의무화함으로써 위성정당 출현을 방지하는 내용이다. 이 방식도 예컨대, 지역구 의석 30% 미만을 추천하는 정당의 비례대표 추천은 막을 수 없다는 허점이 있다.

다. 의원정수 유지를 위한 초과의석 처리

정당득표율에 비례해 산정된 배분의석보다 과대대표된 의석을 말한다. 따라서 초과의석의 발생은 '불비례성'과 '의원정수의 유동성'을 의미하고, 초과의석을 처리하는 방식은 불비례를 보정하거나 의원정수가 유

---

04 2021년 2월 9일 정의당 이은주 의원은 비례대표국회의원선거 후보자추천 과정을 명시하여 민주성과 투명성을 보장하고, 그 취지를 위반한 경우 후보자 등록무효 등의 제재조치를 명시하는 내용의 공직선거법 개정안(2108040)을 대표발의하였다.

지되도록 하는 것을 말한다.

독일의 경우 2023년 「연방선거법」 개정으로 2025년 총선부터 '지역구 삭제 방식'을 도입한다. 지역구 삭제 방식은 지역구 선거에서 득표수가 가장 적은 순으로 지역구 당선인을 초과의석 수만큼 삭제하는 방식이다. 초과의석이 발생해도 해당 정당의 지역구 의석수만 줄이면 되기 때문에 개정 선거제도에서는 항상 '전면적 비례대표제' 수준의 높은 비례성을 보일 수 있다.

지역구 삭제 방식은 독일의 고질적인 문제였던 의원정수의 유동성도 해결할 수 있다. 그동안 독일은 초과의석을 보정의석 배분으로 처리했다. 초과의석이 발생하면 모든 정당의 득표와 의석점유의 불비례 상태가 해소되는 지점까지 비례대표 의석을 확대하는 방법이다. 그러나 2025년 총선부터는 초과의석이 발생해도 해당 정당의 지역구 의석을 삭제하는 방법으로 항상 의원정수 630석을 항상 유지할 수 있게 된다.

지역구 삭제 방식 외에도 스코틀랜드, 웨일즈, 스칸디나비아 국가들과 같이 초과의석을 다른 정당의 비례대표 의석을 줄여 해결하는 '정당 간 차감 방식'도 있다. 이 방식은 초과의석이 발생하면 초과의석이 발생하지 않은 정당의 비례대표 의석을 감산해 의원정수를 유지하는 방법이다.

권역별 비례대표제 국가의 경우 동일 정당 내 '권역 간 차감'으로 초과의석을 처리할 수도 있다. 독일은 2013년 총선부터 2021년 총선

까지 '권역 간 차감'을 부분적으로 사용했다. '권역 간 차감'은 비례성 저하를 초래하지 않지만 권역 대표성을 약화시킬 수 있다. 그리고 권역별 비례대표제라고 해서 모두 권역 간 차감이 적용될 수 있는 것은 아니다. 하나의 권역에서 발생한 초과의석을 상쇄할 수 있을 만큼의 비례대표 의석이 다른 권역에 존재해야 이 방식을 사용할 수 있다.

연동형에서 발생하는 초과의석 처리에는 '정당 간 차감'도 사용된다. 연동배분에서는 초과의석이 발생할 수밖에 없다. 준연동형과 달리 복합형과 연동형에서는 초과의석이 발생하면 초과의석 수만큼 총 배분의석에서 제외한 수를 초과의석이 발생하지 않은 정당에 득표율에 비례하도록 배분한다. 이러한 '정당 간 차감'[05]을 이용하면 초과의석을 발생하더라도 총 의석의 증가 없이 간단하게 처리할 수 있다.

:: **초과의석 처리방식: '정당 간 차감'**
* 초과의석을 '정당 간 차감'으로 처리하는 방식은 초과의석 발생과 무관한 정당의 비례의석을 줄여야 하기 때문에 의석배분의 공정성 문제가 초래될 수 있다.
* 준연동형의 경우에도 '정당간 차감'이 사용되었지만, 그 과정이 명확하지 않다. 이는 준연동형의 의석배분과정이 난해하게 인식되는 이유 중 하나이다.
* 스코틀랜드는 준연동형과 같은 '정당간 차감'으로 초과의석을 처리한다. 그러나 스코틀랜드의 경우 초과의석의 발생에 따른 타 정당의 감산 과정이 명확하다.
* 연동형은 아니지만 덴마크, 스웨덴, 노르웨이, 아이슬란드 등 스칸디나비아 국가들이 사용하는 초과의석 처리방식도 '정당 간 차감'이다.

05 '권역 간 차감'이 가능하려면 초과의석 수만큼 비례대표 의석이 확보되어야 한다. 초과의석의 발생은 전체 의석의 증가로 이어지므로 초과의석 수만큼 다른 정당의 비례대표 의석을 감산한다.

라. 광역의회 의석할당의 인구불비례 해소

각 정당에 의석을 배분하기 전(前) 단계로 시도별 할당의석이 정해져야 한다. 그런데 인구비례로 할당되는 광역의회 의석수 분포를 보면 대부분의 시도가 과대대표되거나 과소대표되는 결과를 나타낸다. 과대대표가 가장 큰 시도는 전남, 제주, 강원 순으로 나타난다. 과소대표는 경기(-78), 서울(-48)이 가장 극심하다. 실제 의석수와 인구 비례 의석수의 차이가 가장 큰 곳의 차이는 의석수로 보면 무려 109석에 달한다(경기: -78, 전남: +31). 이렇게 큰 차이가 발생하는 이유는 지역선거구 획정의 선거구 간 인구편차 범위가 3(최대): 1(최소)이기 때문이다. 최대 선거구와 최소 선거구 간 인구편차 간격을 줄이면 실제 의석과 인구비례 의석의 차이도 줄어들지만, 그럴 경우 현실적으로 선거구 획정이 쉽지 않다. 농산어촌의 인구소멸이 심화되는 상황에서 인구기준을 낮춰 엄격하게 설정하면 선거구 획정을 원활하게 진행하기 어렵다.

또, 비례대표 의석수의 규모와 산출방식도 실제 의석수와 인구비례 의석수의 격차를 크게 만드는 요인이다. 비례대표 의석은 지역구 의석 총수의 10/100으로 책정되는데, 규모도 작은데다 비례대표 의석을 산출하는 기준이 되는 지역구 의석이 높은 인구편차기준으로 인해 인구수에 비례하기 어렵기 때문이다.

현행 인구 비례 의석할당방식은 실제 의석수와 큰 괴리를 보인다는 점에서 더 이상 유지할 근거가 미약하다. 인구수 기준보다는 의석배분 단계에서 적용되는 득표수 기준을 의석할당 단계에서부터 적용할 필요가 있다.

〈표 4〉 광역의회 할당의석과 현 의석수 비교

| | 인구수 | 인구비례 (A) | 현 의석수 | | | A-B |
			지역구	비례대표	계(B)	
서울	9,390,925	160	101	11	112	-48
부산	3,295,496	56	42	5	47	-9
대구	2,376,044	40	29	3	32	-8
인천	2,993,492	51	36	4	40	-11
광주	1,420,822	24	20	3	23	-1
대전	1,443,106	24	19	3	22	-2
울산	1,103,752	18	19	3	22	+4
세종	386,256	6	18	2	20	+14
경기	13,628,135	234	141	15	156	-78
강원	1,528,635	26	44	5	49	+23
충청	1,594,038	27	31	4	35	+8
충청	2,129,591	36	43	5	48	+12
전북	1,756,183	30	36	4	40	+10
전남	1,804,875	30	55	6	61	+31
경북	2,556,262	43	55	6	61	+8
경남	3,253,619	55	58	6	64	+9
제주	675,845	11	32	8	40	+29
전국	51,337,076	872	779	93	872	-

자료) 행정안전부 주민등록 인구통계(2023. 11.). https://jumin.mois.go.kr/

3. 권역별 복합형 비례대표제 세부 디자인

가. 권역별 복합형 비례제의 주요 특징

현행 비례대표 분류체계에 따르면 비례대표제는 크게 비례대표 단일 선거구로만 이루어진 비례대표제와 지역구와 비례대표의 혼합식 비례대표제로 분류된다. 단일 비례제와 혼합식 비례제는 각각 전국(단위) 비례제와 다수의 권역으로 이루어진 권역별 비례제로 구분된다. 그리고 권역별 비례제 안에서도 다시 권역마다 비례대표를 독립적으로 선출하는 권역별 병립형 비례제와 지역구와 비례대표를 서로 연동하는 권역별 연동형 비례제로 나뉜다. 이 장(章)에서 광역의회의원 선거제도로 제안하는 권역별 복합형 비례제는 권역별 병립형, 권역별 연동형과 함께 권역별 비례제에 속하는 제3의 유형이라 할 수 있다.

〈그림 1〉 비례대표 분류체계 상의 권역별 복합형 비례제

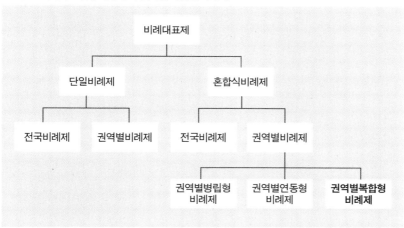

권역별 복합형 비례제에서 비례대표 명부작성 및 의석배분 단위는 서울, 경기, 인천 등 개별 시도가 된다. 비례대표 의석배분 방식은 현행 헤어식(Hare method)을 유지한다. 헤어식은 정수 산출 후 소수점 이하가 가장 큰 순으로 잔여의석을 채우는 방법이다. 지역구선거에서 최다

득표자 1인을 선출하는 당선인 결정방식도 현행 방식을 유지하고, 선거구 계층도 현행과 동일하게 지역구와 비례대표의 2계층 구조를 적용한다.

나. 권역별 복합형 의석 할당 및 배분

광역의회 지역구 의석 779석의 1/2에 해당하는 390석은 비례대표로 할당한다. 390석 중 2/3에 해당하는 260석에는 연동배분, 1/3에 해당하는 130석에는 병립형을 적용한다. 따라서 권역별 복합형의 총 의석은 연동배분의석 1,039석(779+260)과 병립배분의석 130석을 합산한 1,169석이 된다.

개별 정당에 의석을 배분하기 전에 먼저 각 시도에 할당의석을 정해야 한다. 시도별 의석 할당에는 기존 지역구 의석을 그대로 두고 비례대표 의석만 추가로 득표 비례로 배분하여 합산하는 방식을 사용한다. 현행과 같이 총 의석을 인구 비례로 할당하게 되면 인구수가 적은 세종특별자치시의 경우 할당의석보다 지역구 의석이 많아 연동배분이 불가능하게 된다.

권역별 복합형은 17개 시도마다 연동형과 병립형을 같이 적용하는 방식이다. 그에 비해 권역별 연동형은 시도별 할당의석 내에서 각 정당의 지역구 의석과 연동하는 방식으로 의석을 배분한다. 그리고 권역별 병립형은 할당의석을 정당의 지역구 의석과 연동하지 않고 득표 비례로만 배분하는 방식이다.

:: 권역별 복합형 비례대표제 vs. 준연동형 비례대표제
* 광역의회에 적용되는 권역별 복합형은 현행 국회의원선거에 적용된 준연동형과 형태적
  으로는 유사하게 보이지만 다른 방식이다.
* 준연동형은 연동배분한 결과에서 절반 의석은 연동형, 나머지 절반은 병립형을 적용하
  는 모순적인 구조이다.
* 준연동형에 사용되는 산식('연동배분의석의 절반(1/2) 설정', '소수점 이하 숫자를 반올
  림하지 않은 상태에서 지역구 의석 감산', '의석률 적용의 조정의석 산출')은 연동배분을
  무력화시킨다.
* 따라서 준연동형의 위성정당은 병립형을 준연동형으로 오인해서 창당된 것이다.
* 준연동형과 달리 권역별 복합형은 연동배분 메커니즘이 올바르게 작동한다. 연동형
  과 병립형이 명확히 분리되어 연동효과가 연동배분의석 수에 비례해 선명하게 나타
  난다.
* 권역별 복합형은 거대정당과 소수정당의 '이익균형'에 부합한다. 복합형은 거대정당이
  선호하는 병립형과 소수정당이 선호하는 연동형을 절충하므로 여야 간 합의 도출이 용
  이한 현실적인 대안이다.

다. 비례대표 의석배분 방식별 비교

1) 권역별 연동형

권역별 복합형의 연동배분에서는 초과의석이 12곳(광주, 대전, 울산, 세종, 강원, 충북, 충남, 전북, 전남, 경북, 경남, 제주)에서 발생했다. 그러나 390석을 모두 연동배분하는 권역별 연동형에서는 8곳(광주, 세종, 강원, 충북, 충남, 전북, 경남, 제주)에서 초과의석이 발생했다. 비례대표 의석 비율이 상대적으로 높기 때문에 초과의석이 적게 발생한 것이다.

초과의석이 발생하면 해당 정당의 배분의석을 지역구 의석과 동일하게 설정하고, 해당 정당의 배분의석 수만큼 권역의 할당의석에서 제외한 수를 초과의석이 발생하지 않은 정당에 배분한다. 광주를 예로 들면, 390석을 연동배분할 때 발생한 초과의석을 처리하는 방식과 동

일하다. 더불어민주당의 초과의석 1석을 처리하기 위해서는 더불어민주당의 배분의석을 20석으로 설정하고, 광주에 할당된 28석에서 20석을 감산한 8석을 국민의힘, 정의당, 진보당에 득표 비례로 배분한다.

〈표 5〉 권역별 연동형 비례대표: 390석 연동배분

권역	할당	더불어민주당				국민의힘				정의당				진보당				계
		배	지	초	비	배	지	초	비	배	지	초	비	배	지	초	비	비
서울	178	73	31	0	42	97	70	0	27	7	0	0	7	1	0	0	1	50
부산	67	23	0	0	23	42	42	0	0	2	0	0	2	0	0	0	0	25
대구	44	9	0	0	9	34	29	0	5	1	0	0	1	0	0	0	0	15
인천	57	25	12	0	13	30	24	0	2	2	0	0	2	0	0	0	0	17
광주	28	20	20	0	0	4	0	0	4	2	0	0	2	2	0	0	2	8
대전	30	13	3	0	10	16	16	0	0	1	0	0	1	0	0	0	0	11
울산	27	6	0	0	6	19	19	0	0	1	0	0	1	1	0	0	1	8
세종	21	12	12	0	0	8	6	0	2	1	0	0	1	-	-	-	-	3
경기	241	110	71	0	39	121	70	0	51	9	0	0	9	1	0	0	1	100
강원	57	16	4	0	12	40	40	0	0	1	0	0	1	0	0	0	0	13
충북	43	15	5	0	10	26	26	0	0	1	0	0	1	0	0	0	0	11
충남	58	23	10	0	13	33	33	0	0	2	0	0	2	0	0	0	0	15
전북	48	35	35	0	0	8	0	0	8	4	0	0	4	1	1	0	0	12
전남	70	53	52	0	1	8	0	0	8	5	0	0	5	4	2	0	2	16
경북	75	15	0	0	15	57	52	0	^5	2	0	0	2	1	0	0	3	25
경남	83	23	2	0	21	56	56	0	0	3	0	0	3	1	0	0	1	25
제주	37	23	23	0	0	12	8	0	4	2	0	0	2	0	0	0	0	6
계	1164	494	280	0	214	611	491	0	116	46	0	0	46	12	3	0	11	360

주) 배: 배분의석, 지: 지역구 의석, 초: 초과의석, 비: 비례대표 의석
자료) 중앙선거관리위원회 선거통계시스템 참조 재구성

2) 권역별 병립형

권역별 병립형은 각 시도에 할당된 의석을 봉쇄조항을 통과한 의석배분정당에 정당득표율에 따라 배분하는 방식이다. 전체 비례대표 의석 390석을 시도별로 배분했을 때 〈표 6〉의 결과가 나타난다. 총 390석의 비례대표 중 국민의힘은 209석, 더불어민주당은 164석을 가져간다. 소수정당인 정의당과 진보당은 각각 15석과 2석을 얻는다. 서울과 경기에 할당된 비례대표는 더불어민주당과 국민의힘에게 대부

〈표 6〉 권역별 병립형 비례의석: 390석 병립배분

시도	더불어민주당	국민의힘	정의당	진보당	계
서울	32	43	3	0	78
부산	8	16	1	0	25
대구	3	12	0	0	15
인천	9	11	1	0	21
광주	5	1	1	1	8
대전	5	6	0	0	11
울산	3	6	0	0	9
세종	1	2	0	0	3
경기	46	51	4	0	101
강원	5	8	0	0	13
충북	5	7	0	0	12
충남	6	8	1	0	15
전북	10	2	1	0	13
전남	11	2	1	1	15
경북	4	15	1	0	20
경남	8	17	1	0	26
제주	3	2	0	0	5
계	164	209	15	2	390

분 돌아간다. 더불어민주당은 서울의 비례대표 의석 78석 중 32석 (41%)을, 국민의힘은 43석(55.1%)를 가져간다. 경기에서는 민주당이 46석(45.5%), 국민의힘은 51석(50.5%)을 배분받는 것으로 나타난다. 거대 양당에 비해 소수정당인 정의당과 진보당에 돌아가는 의석수는 미미하다. 소수정당의 의석점유율은 총 비례대표 의석 중 4.4%에 불과하다.

3) 권역별 복합형 1·2단계

권역별 복합형 1단계에서는 연동배분의석 260석을 각 정당에 배분한다. 배분의석 총수는 1,034석(779+260-5)이 된다. 광주를 예로 들면, 할당의석 25석을 각 정당에 배분했을 때 민주당의 지역구 의석 20석보다 적은 17석이 배분되어 3석의 초과의석이 발생한다. 더불어민주당의 배분의석을 지역구 의석과 같은 20석으로 설정하고 광주의 할당의석 25석에서 20석을 감산한 5석을 국민의힘, 정의당, 진보당에 득표비례로 배분하여 초과의석을 처리한다.

〈표 7〉 권역별 복합형 1단계: 260석 연동배분

권역	할당	더불어민주당				국민의힘				정의당				진보당			
		배	지	초	비	배	지	초	비	배	지	초	비	배	지	초	비
서울	152	66	31	0	35	86	70	0	16	0	0	0	0	0	0	0	0
부산	58	15	0	0	15	42	42	0	0	1	0	0	1	0	0	0	0
대구	39	8	0	0	8	30	29	0	1	1	0	0	1	0	0	0	0

권역	할당	더불어민주당				국민의힘				정의당				진보당			
		배	지	초	비	배	지	초	비	배	지	초	비	배	지	초	비
인천	50	22	12	0	10	26	24	0	2	2	0	0	2	0	0	0	0
광주	25	20	20	0	0	2	0	0	2	2	0	0	2	1	0	0	1
대전	26	9	3	0	6	16	16	0	0	1	0	0	1	0	0	0	0
울산	25	5	0	0	5	19	19	0	0	1	0	0	1	0	0	0	0
세종	20	12	12	0	0	7	6	0	1	1	0	0	1	·	·	·	·
경기	207	95	71	0	24	104	70	0	34	7	0	0	7	1	0	0	1
강원	53	12	4	0	8	40	40	0	0	1	0	0	1	0	0	0	0
충북	39	12	5	0	7	26	26	0	0	1	0	0	1	0	0	0	0
충남	53	18	10	0	8	33	33	0	0	2	0	0	2	0	0	0	0
전북	44	35	35	0	0	5	0	0	5	3	0	0	3	1	1	0	0
전남	65	52	52	0	0	6	0	0	6	4	0	0	4	3	2	0	1
경북	68	13	0	0	13	52	52	0	0	2	0	0	2	1	0	0	1
경남	75	17	2	0	15	56	56	0	0	2	0	0	2	0	0	0	0
제주	35	23	23	0	0	11	8	0	3	1	0	0	1	0	0	0	0
계	1034	434	280	0	154	561	491	0	70	32	0	0	32	7	3	0	4

주) 배: 배분의석, 지: 지역구 의석, 초: 초과의석, 비: 비례의석
자료) 중앙선거관리위원회 선거통계시스템 참조 재구성

〈표 8〉은 병립형을 적용한 복합형 2단계이다. 전체 비례대표 의석 390석의 1/3에 해당하는 130석을 득표 비례로 각 시도에 할당한다. 할당된 시도의 의석은 각 정당에 다시 득표율에 따라 배분한다. 서울의 경우, 득표율에 따라 서울에 할당된 26석을 다시 득표비례로 각 정당에 배분하면 미래통합당과 더불어민주당에게만 2석씩 돌아간다.

〈표 8〉 권역별 복합형 2단계: 병립배분 130석

시도	더불어민주당	국민의힘	정의당	진보당	계
서울	11	14	1	0	26
부산	3	5	0	0	8
대구	1	4	0	0	5
인천	3	4	0	0	7
광주	2	1	0	0	3
대전	2	2	0	0	4
울산	1	2	0	0	3
세종	0	1	0	0	1
경기	15	17	1	0	33
강원	2	2	0	0	4
충북	2	2	0	0	4
충남	2	3	0	0	5
전북	3	1	0	0	4
전남	4	1	0	0	5
경북	1	6	0	0	7
경남	3	6	0	0	9
제주	1	1	0	0	2
계	56	72	2	0	130

권역별 복합형 1단계(260석 연동배분)와 권역별 복합형 2단계(130석 병립배분)에서 산출한 비례대표 의석 390석의 시도별 배분은 〈표 9〉와 같다. 비례대표 의석이 가장 많은 시도는 경기도(99석)이고, 가장 적은 시도는 세종특별자치시(3석)이다. 연동형에서는 소수정당의 비례대표 의석 점유율이 높고, 병립형에서는 거대 정당의 지역구 의석 점유율이 높다.

<표 9> 권역별 복합형 비례대표 390석: 연동배분 260석 + 병립배분 130석

시도		더불어민주당	국민의힘	정의당	진보당	계	
서울	연동	35	16	0	0	51	77
	병립	11	14	1	0	26	
부산	연동	15	0	1	0	16	24
	병립	3	5	0	0	8	
대구	연동	8	1	1	0	10	15
	병립	1	4	0	0	5	
인천	연동	10	2	2	0	14	21
	병립	3	4	0	0	7	
광주	연동	0	2	2	1	5	8
	병립	2	1	0	0	3	
대전	연동	6	0	1	0	7	11
	병립	2	2	0	0	4	
울산	연동	5	0	1	0	6	9
	병립	1	2	0	0	3	
세종	연동	0	1	1	-	2	3
	병립	0	1	0	0	1	
경기	연동	24	34	7	1	66	99
	병립	15	17	1	0	33	
강원	연동	8	0	1	0	9	13
	병립	2	2	0	0	4	
충북	연동	7	0	1	0	8	12
	병립	2	2	0	0	4	
충남	연동	8	0	2	0	10	15
	병립	2	3	0	0	5	
전북	연동	0	5	3	0	8	12
	병립	3	1	0	0	4	
전남	연동	0	6	4	1	11	16
	병립	4	1	0	0	5	
경북	연동	13	0	2	1	16	23
	병립	1	6	0	0	7	

시도		더불민주당	국민의힘	정의당	진보당	계	
경남	연동	15	0	2	0	17	26
	병립	3	6	0	0	9	
제주	연동	0	3	1	0	4	6
	병립	1	1	0	0	2	
계		210	142	34	4	390	

자료) 중앙선거관리위원회 선거통계시스템 참조 재구성

4) 배분방식 간 비교

〈표 10〉은 390석을 세 가지 방식, 즉 권역별 병립형, 권역별 연동형, 권역별 복합형에 적용한 결과를 나타낸다. 거대 정당의 의석점유율은 권역별 병립형에서 가장 높고 권역별 연동형에서 가장 낮다.

권역별 복합형의 의석점유율은 권역별 병립형과 권역별 연동형의 중간 수준이라 할 수 있다. 소수정당의 의석점유율도 권역별 병립형이 가장 낮고 권역별 연동형에서 가장 높게 나타난다. 권역별 복합형은 중간 수준의 의석점유율을 보인다.

〈표 10〉 제도유형별 의석수(%)

	권역별 병립형	권역별 연동형	권역별 복합형
더불어민주당	164(42.1)	214(54.9)	210(53.8)
국민의힘	209(53.6)	120(30.8)	142(36.4)
정의당	15(3.8)	47(12.1)	34(8.7)
진보당	2(0.5)	9(2.3)	4(1.0)
계	390	390	390

선거제도의 비례성 수준을 나타내는 이득률(advantage rate)을 산출해 보면 세 방식의 비례성이 선명하게 나타난다. 권역별 병립형에서 더불어민주당은 0.90으로 과소대표되고, 국민의힘은 1.14로 과대대표된 것으로 나타난다. 정의당과 진보당은 각각 0.31과 0.47로 정당득표율 대비 의석점유율이 낮은 결과를 보인다.

권역별 연동형을 적용한 결과는 권역별 병립형보다 높은 비례성을 보인다. 더불어민주당과 국민의힘의 이득률이 1이 되고 완전비례 상태로 바뀐다. 정의당의 이득률은 0.96으로 1에 근접하고, 진보당의 경우 1.33으로 과대대표되는 것으로 나타난다. 지역구 의석 점유율이 득표율보다 높은 국민의힘에는 권역별 병립형이 가장 유리한 방식인 반면, 정의당과 진보당에는 권역별 연동형이 가장 유리한 결과를 가져온다. 권역별 복합형에서 더불어민주당의 이득률은 권역별 연동형과 동일하다.

정당별 비례대표 의석 분포를 보면, 거대 정당에는 준연동형이 가장 유리하고, 권역별 연동형일 때 가장 불리하게 나타난다. 반대로, 소수정당에는 준연동형이 가장 불리하고 권역별 연동형에서 가장 유리하다. 즉, 준연동형이 거대 정당의 의석집중을 가장 강화하는 방식인 반면, 권역별 연동형이 의석 집중을 가장 완화할 수 있는 방식이다. 권역별 복합형은 거대 양당의 의석 집중을 유의미하게 완화하면서 비례성 제고 효과도 가시적이다. 또한 권역별 복합형은 연동형과 병립형을 동시에 적용한 방식이라는 점에서 위성정당 창당을 억제할 수 있으며

지역주의 완화 효과도 보인다.[06]

〈표 11〉 제도유형별 이득률 비교

	권역별 병립형			권역별 연동형			권역별 복합형		
	의석률	득표율	이득률	의석률	득표율	이득률	의석률	득표율	이득률
더불어민주당	38.14	42.17	0.90	42.08	42.17	1.00	42.10	42.17	1.00
국민의힘	60.14	52.73	1.14	52.67	52.73	1.00	54.38	52.73	1.03
정의당	1.29	4.17	0.31	4.02	4.17	0.96	2.92	4.17	0.70
진보당	0.43	0.92	0.47	1.22	0.92	1.33	0.60	0.92	0.65

주) 이득률은 의석점유율을 정당득표율로 나눈 값으로, 1에 근접할수록 비례성이 높아진다.
자료) 중앙선거관리위원회 선거통계시스템

:: **주요국 기초의회선거 당선인 결정방식**

*독일

독일은 모든 기초의회의원선거에서 비례대표제를 채택하고 있다. 1990년 통일 전 독일 지방의회선거는 주마다 상이한 방식으로 운영되었으나 통일 후 특정 후보에게 복수의 투표를 행사하는 누적투표제와 서로 다른 정당의 명부후보에게 투표하는 배합투표제가 확대되어 대부분의 지방의회가 채택하고 있다. 노르트라인-베스트팔렌(NW), 잘란트(SL), 쉴레스비히-홀쉬타인(SH)를 제외한 나머지 주에서 누적투표와 배합투표를 실시하고 있다.

당선인 결정방식은 전면적 비례대표제를 채택한 주가 대다수를 차지한다. 그에 비해 연동형 비례제를 채택하고 있는 주는 노르트라인-베스트팔렌(NW)과 쉴레스비히-홀쉬타인(SH)에 불과하다. 비례대표 의원만 선출하는 전면적 비례제와 달리 연동형 비례대표제에서는 지역구의원과 비례대표의원을 같이 선출한다.

연동형 비례대표제에서는 초과의석이 발생하게 되고, 그로 인해 득표와 의석점유의 불비례가 나타난다. 그러나 노르트라인-베스트팔렌과 쉴레스비히-홀쉬타인은 초과의석에 대한 보정의석을 부여하는 방식이므로 전면적 비례제와 같은 수준의 높은 비례성을 보인다.

06 권역별 복합형 시뮬레이션에서 더불어민주당이 미래통합당의 텃밭인 대구·경북에서 2석을 얻는 것으로 나타난다. 이는 지역주의 완화에 유의미한 결과로 볼 수 있다.

* 프랑스

프랑스의 지방자치단체는 가장 작은 꼬뮨(commune), 중간 규모의 데빠르뜨망(département), 광역자치단체인 레지옹(région)의 3계층으로 이루어져 있다.

꼬뮨의회는 인구수 1,000명을 기준으로 선출방식을 구분한다. 1,000명 이하 지자체에서는 다수대표제가 적용되는 2회 결선방식이 적용되지만, 1,000명 이상의 지자체에서는 비례대표제가 적용되는 결선 방식이 적용된다. 즉, 결선투표는 절대과반의석을 획득한 정당이 없을 때 실시된다. 절대 과반에 못 미치는 과반 득표 정당에 우선 총 의석의 50%+1석을 배분하고, 나머지 50% 의석은 정당득표율 10%를 충족한 정당을 대상으로 득표율 비례로 배분한다.

데빠르뜨망 의회 선거는 1,000명 이하의 꼬뮨 의회 선거와 같은 다수제 방식의 결선투표제, 레지옹 의회선거에서는 1,000명 이상 꼬뮨 의회 선거와 같은 비례제 방식의 결선투표제가 적용된다.

* 아일랜드, 스코틀랜드, 웨일즈

아일랜드 지방의회는 광역의회로 구분되는 주의회(county counci)l과 시의회(city council), 그리고 기초의회로 구분되는 구의회(borough council), 군의회(town council)의 2계층 구조(tier)로 되어 있다. 의원들은 단기이양식 투표방식(Single Transferable Vote)으로 선출된다.

스코틀랜드와 웨일즈의 지방의회는 1999년부터 독일 연방하원 선거제도와 유사한 혼합식(MMP)을 채택하고 있다. 추가의석제도(Additional Member System)로 명명되는 이 방식에 따르면 유권자는 지역구와 비례대표 선거에서 각각 1표를 행사한다.

부록

:: 준연동형 비례대표제의 의석 배분 오류

I. 준연동형 시뮬레이션

(준연동형 산식 적용, 위성정당 출현, 의석수와 득표율 임의 설정)

		더불어민주당	국민의힘	더불어민주연합	국민의미래	녹색정의당	개혁신당	새로운미래	조국혁신당	무소속	계
정당득표수				6,371,819	7,063,288	3,700,777	4,062,820	3,660,406	3,040,753		27,899,864
정당득표율(%)				0.228	0.253	0.133	0.146	0.131	0.109		1.000
지역구의석수		1	4	0	0	4	2	1	3	5	20
비례대표의석수	1단계	-0.500	-2.000	6.966	7.722	2.046	3.441	3.502	1.824		
	2단계			7.000	8.000	2.000	3.000	4.000	2.000		26.000
	3단계			12.385	14.154	3.538	5.308	7.077	3.538		46.000
				12	14	3	5	7	3		44.000
						1			1		2
	계			12	14	4	5	7	4		46
계(지역+비례)		1	4	12	14	8	7	8	7	5	66

*1단계: [(국회의원정수 - 무소속의석)× 해당 정당의 정당득표율 - 해당 정당의 지역구 의석수] / 2
**2단계: 1단계 값의 소수점 이하 첫째 자리 반올림.
***3단계: 46석 조정의석 산출.

준연동형 비례대표제의 의석배분 산식을 적용하면 연동 메커니즘이 온전히 작동하지 않는다. 거대 양당의 위성정당이 출현한 경우를 예로 들어보자. 녹색정의당과 개혁신당의 지역구 의석을 각각 1석씩 늘렸을 때(녹색정의당 4→5, 개혁신당 2→3), 비례대표 의석은 변화가 없고 총 의석은 1석씩 증가한다(❷). 이는 전형적인 병립형의 특징이다. 또한 개혁신당과 새로운미래의 지역구 의석을 1석씩 늘렸을 때 개혁신당의 경우 비례대표 의석이 1석 줄어들고 총 의석은 유지되어 연동형이 작동했다는 것을 알 수 있다. 그러나 새로운미래에서는 지역구 의석을 늘렸을 때 비례대표 의석은 유지되지만 총 의석이 늘어나는 병립형의 결과를 보인다(❸). 녹색정의당과 개혁신당의 경우도 지역구 의석 증가(4→5)에 비례대표 의석은 반응하지 않고 총 의석이 증가하는 병립형을 특징을 보인다(❹). 반면, 새로운미래와 조국혁신당의 지역구 의석을 각각 1석에서 2석으로 늘렸을 때에는 비례대표 의석이 1석씩 감소하고 총 의석은 유지되어 연동형이 적용된 결과를 보인다(❺).

❶		더불어민주당	국민의힘	더불어민주연합	국민의미래	녹색정의당	개혁신당	새로운미래	조국혁신당	무소속	계
	지역	1	4	0	0	4	2	1	3	5	254
	비례			12	14	4	5	7	4		46
	계	1	4	12	14	8	7	8	7	5	300

❷		더불어민주당	국민의힘	더불어민주연합	국민의미래	녹색정의당 (병립)	개혁신당 (병립)	새로운미래	조국혁신당	무소속	계
	지역	1	4	0	0	5	3	0	2	5	254
	비례	0	0	12	14	4	5	7	4		46
	계	1	4	12	14	9	8	7	6	5	300

❸

	더불어민주당	국민의힘	더불어민주연합	국민의미래	녹색정의당	개혁신당(연동)	새로운미래(병립)	조국혁신당	무소속	계
지역	1	4			4	4	1	1	5	254
비례			12	14	4	4	7	5		46
계	1	4	12	14	8	8	8	6	5	300

❹

	더불어민주당	국민의힘	더불어민주연합	국민의미래	녹색정의당(병립)	개혁신당(병립)	새로운미래	조국혁신당	무소속	계
지역	0	3		0	5	5	1	1	5	254
비례			12	14	4	4	7	5		46
계	0	3	12	14	9	9	8	6	5	300

❺

	더불어민주당	국민의힘	더불어민주연합	국민의미래	녹색정의당	개혁신당	새로운미래(연동)	조국혁신당(연동)	무소속	계
지역	0	2			4	5	2	2	5	254
비례			13	15	4	4	6	4		46
계	0	2	13	15	8	9	8	6	5	300

II. 준연동형 시뮬레이션

(준연동형 산식 적용, 위성정당 미출현, 의석수와 득표율 임의설정)

		더불어민주연합	국민의미래	녹색정의당	개혁신당	새로운미래	조국혁신당	무소속	계
정당 득표수		6,371,819	7,063,288	3,700,777	4,062,820	3,660,406	3,040,753		27,899,864
정당 득표율(%)		0.228	0.253	0.133	0.146	0.131	0.109		1.000
지역구 의석수		1	4	4	2	1	3	5	20
비례 대표 의석수	1단계	6.466	5.722	2.046	3.441	3.441	3.502		
	2단계	6.000	6.000	2.000	3.000	3.000	4.000		23.000
	3단계	12	12	4	6	8	4		46.000
계 (지역+비례)		13	16	8	8	9	7	5	66

* 1단계: [(국회의원정수 - 무소속의석)×해당 정당의 정당득표율 - 해당 정당의 지역구 의석수] / 2.
연동배분의석수가 1보다 작을 경우 0으로 처리.
** 2단계: 1단계 값의 소수점 이하 첫째 자리 반올림.
*** 3단계: 46석 조정의석.

준연동형에서는 위성정당이 출현하지 않은 경우에도 연동 메커니즘
은 정상적으로 작동하지 않는다. 국민의힘의 경우 지역구 의석을 4석에
서 5석으로 늘리거나 5석에서 6석으로 늘렸을 때 비례 의석이 감소하
고 총 의석은 유지되어 연동형이 제대로 작동한다(❷, ❸). 그러나 녹색
정의당에서 지역구 의석을 4석에서 5석으로 늘렸을 때나 새로운미래에
서 지역구 의석을 늘렸을 때(0→1) 병립형의 특징이 나타난다(❹). 또 지
역구 의석 증가에 연동형도 병립형도 아닌 유형화하기 어려운 결과가
나타나기도 한다. 예컨대, 더불어민주당의 지역구 의석을 1석에서 2석
으로 늘렸을 때 비례대표 의석이 1석 증가하고 총 의석은 2석 증가한다.

이처럼 준연동형을 적용하면 연동형과 병립형의 특징이 불규칙하게 나타난다. 규칙성 없이 어떤 정당에는 연동형이 적용되고, 어떤 정당에는 병립형이 적용된다. 또 연동형도 병립형도 아닌 왜곡된 결과가 나온다.

❶

	더불어민주당	국민의힘	녹색정의당	개혁신당	새로운미래	조국혁신당	무소속	계
지역	1	4	4	2	1	3	5	20
비례	12	12	4	6	8	4		46
계	13	16	8	8	9	7	5	66

❷

	더불어민주당	국민의힘(연동)	녹색정의당	개혁신당	새로운미래	조국혁신당	무소속	계
지역	2	5	4	2	0	2	5	20
비례	13	11	4	6	8	4		46
계	15	16	8	8	8	6	5	66

❸

	더불어민주당	국민의힘(연동)	녹색정의당	개혁신당	새로운미래	조국혁신당	무소속	계
지역	3	6	4	1	0	1	5	20
비례	10	10	4	8	8	6		46
계	13	16	8	9	8	7	5	66

❹

	더불어민주당	국민의힘	녹색정의당(병립)	개혁신당	새로운미래	조국혁신당	무소속	계
지역	2	5	5	2	0	1	5	20
비례	12	10	4	6	8	6		46
계	14	15	9	8	8	7	5	66

❺

	더불어민주당	국민의힘	녹색정의당	개혁신당	새로운미래(병립)	조국혁신당	무소속	계
지역	2	4	4	2	1	2	5	20
비례	12	12	4	6	8	4		46
계	14	16	8	8	9	6	5	66

:: 오류 수정: 연동형 비례대표 의석 배분 산식

III. 연동형 시뮬레이션

(연동형 산식 적용, 위성정당 미출현, 의석수와 득표율 임의 설정)

		더불어민주연합	국민의힘	녹색정의당	개혁신당	새로운미래	조국혁신당	무소속	계
정당득표수		6,371,819	7,063,288	3,700,777	4,062,820	3,660,406	3,040,753		27,899,864
정당득표율(%)		0.228	0.253	0.133	0.146	0.131	0.109		1.000
지역구 의석수		1	4	4	2	1	3	5	20
비례대표 의석수	1단계	14	15	8	9	8	7		61
	2단계	13	11	4	7	7	4		46
계 (지역+비례)		14	15	8	9	8	7	5	66

*1단계: (국회의원정수- 무소속의석)×해당 정당의 정당득표율.
**2단계: 배분의석 - 지역구 의석.

연동형의 연동 메커니즘이 올바르게 작동한다면 정당의 지역구 의석을 늘렸을 때 비례대표 의석은 지역구 의석이 증가한 만큼 감소하고 총 의석 수에는 어떤 변화도 없어야 한다. 예컨대, 더불어민주당과 국민의힘의 지역구 의석을 1석씩 늘렸을 때(민주당 1→2, 국민의힘 4→5) 비례대표 의석은 1석씩 감소한다(민주당 13→12, 국민의힘 11→10). 총 의석은 민주당과 국민의힘 모두 14석과 15석으로 유지된다(❷). 마찬가지로 녹색정의당과 개혁신당(❸), 새로운미래와 조국혁신당(❹), 국민의힘과 녹색정의당(❺)을 대상으로 지역구 의석을 늘렸을 때에도 비례 대표 의석은 감소하고 총 의석은 유지되는 연동형의 특징이 나타난다.

❶

	더불어민주당	국민의힘	녹색정의당	개혁신당	새로운미래	조국혁신당	무소속	계
지역	1	4	4	2	1	3	5	20
비례	13	11	4	7	7	4		46
계	14	15	8	9	8	7	5	66

❷

	더불어민주당(연동)	국민의힘(연동)	녹색정의당	개혁신당	새로운미래	조국혁신당	무소속	계
지역	2	5	3	1	1	3	5	20
비례	12	10	5	8	7	4		46
계	14	15	8	9	8	7		61

❸

	더불어민주당	국민의힘	녹색정의당(연동)	개혁신당(연동)	새로운미래	조국혁신당	무소속	계
지역	1	4	4	2	1	3	5	20
비례	13	11	4	7	7	4		46
계	14	15	8	9	8	7		61

❹

	더불어민주당	국민의힘	녹색정의당	개혁신당	새로운미래(연동)	조국혁신당(연동)	무소속	계
지역	1	3	3	2	2	4	5	20
비례	13	12	5	7	6	3		46
계	14	15	8	9	8	7	5	61

❺

	더불어민주당	국민의힘(연동)	녹색정의당(연동)	개혁신당	새로운미래	조국혁신당	무소속	계
지역	1	4	4	2	1	3	5	254
비례	13	11	4	7	7	4		46
계	14	15	8	9	8	7	5	300

:: 제도 유형별 비례대표 의석 분포

	더불어 민주당	국민의힘	녹색 정의당	개혁 신당	새로운 미래	조국 혁신당	계
I. 준연동형 산식, 위성 출현	12	14	4	5	7	4	46
II. 준연동형 산식, 위성 미출현	12	12	4	6	8	4	46
III. 연동형 산식, 위성 미출현	13	11	4	7	7	4	46

| 참고문헌 |

국내자료

강우진. 2020. "한국의 준연동형 비례대표 선거제도개혁과 집합적 전략투표 동원". 『현대정치연구』 13-2. 5-41.

국회 정치개혁특별위원회. 2023. 「국회의원 선거제도 개선에 관한 결의안 심사 참고자료」.

길정아. 2020. "정당간 갈등은 누구의 탓일까? 제21대 총선에서 위성정당 창당 사례와 당파적 책임 귀속". 『한국정당학회보』 19-3. 5-38.

김연진. 2021. "공직선거법상 준연동형 비례대표제에 관한 소고: 독일과의 비교를 중심으로". 『성균관법학』 33-3. 169-208.

김종갑. 2015. 『경기도 연정의 성과 고찰과 제도적 공고화 방안 모색』. 자치 연정의 운영사례와 한국에의 시사점: 독일 뮌헨광역시. 한국정책 학회 토론회(2015.12.2.).

김종갑. 2018. "현행 지방선거제도 관련 주요 쟁점 및 개편방안: 지방의회 선거를 중심으로". 『입법정책보고서』 5. 35-42.

김종갑. 2020. "비례대표 의석배분 봉쇄조항 관련 제도적 요인 분석 및 시사점". 『이슈와 논점』 1739. 1-4.

김종갑. 2022. 『한국의 선거제도 개혁: 진단과 처방』. 서울: 경인문화사.

김형철. 2020. "준연동형 비례대표제 한계와 극복 방안". 『참여사회』 273. 5-7.

박범종. 2022. "국회의원 준연동형 비례대표 선거제도 개선방안". 『한국과 국제사회』 6-2. 5-37.

오성택. 2020. "제21대 총선 준연동형 비례대표제 개선에 관한 연구". 『한국행정학회 동계학술발표논문집』 2020-1. 345-370.

음선필. 2019. "이른 바 준연동형 비례대표제에 관한 헌법적 고찰: 국회 정개특위 선거제도 개편안을 중심으로". 『홍익법학』 20-2. 29-62.

이정진. 2022. "제8회 동시지방선거 중대선거구제 시범 실시의 효과와 한계". 『NARS 입법정책』 123. 27-30.

장영수. 2020. "개정 공직선거법에 따른 연동형 비례대표제의 헌법적 문제점". 『공법연구』 48-3. 167-192.

정연주. 2020. "개정 공직선거법의 문제점과 개선방안". 『유럽헌법학회』 32 115-151.

중앙선거관리위원회. 2022. 『제8회 전국동시지방선거총람』. 과천: 중앙선거관리위원회.

중앙선거관리위원회. 2023. 『2022년도 정당의 활동개황』. 과천: 중앙선거관리위원회.

진시원. 2020. "21대 총선 준연동형 비례대표제에 대한 평가와 과제". 『법과 사회』 640. 41-73.

채진원. 2022. "준연동형 비례제 선거법의 위성정당 양당체제 구축효과와 선거법 개정 방향". 『한국과 국제사회』 6-6. 97-127.

허영. 『헌법이론과 헌법』. 박영사. 2012.

홍완식. 2020. "연동형 비례대표제의 입법적 개선에 관한 연구".『법학연구』28-3. 293-316.

홍은주·박영환·정준표. 2021. "한국에서 연동형 비례대표제의 적용과 한계: 21대 국회의원선거의 시뮬레이션 분석".『현대정치연구』14-1. 5-46.

국외자료

Benoit Kenneth. 2000. "Which Electoral Formula Is the Most Proportional? A New Look with New Evidence." Political Analysis 8(4): 381-388.

Dag Arne, Christensen and Jacob Aars. 2010. Electing Mayors with the Supplementary Vote Method: Evidence from Norway. Local Government Studies 36(6):823-841.

Kese, Volkmar. 1993. Zugriffsverfahren bei der Bestimmung der Ausschussvorsitzenden. Zeitschrift für Parlamentsfragen, 24-4. 613-621.

Linhart, Eric, Johannes Raabe and Patrick Statsch. 2019. Mixed-member Proportional Electoral Systems-The Best of Both Worlds? Journal of Elections, Public Opinion and Parties 29-1. 21-40.

Moser, Robert G. and Ethan Scheiner. 2004. Mixed electoral systems and electoral systemeffects: controlled comparison and crossnational analysis. Electoral Studies 23-4. 575-599.

Shugart and Wattenberg, 2001a M.S. Shugart, M.P. Wattenberg Conclusion: are mixed-member systems the best of both worlds? M.S. Shugart, M.P. Wattenberg (Eds.), Mixed-Member Electoral Systems. The Best of Both Worlds?, Oxford University Press, Oxford (2001), 571-596

인터넷자료

Bundesministerium Inneres. 2019. Nationalratswahl. https://bundeswahlen. gv.at/2019/

Bundesverfassungsgericht. 2008. Entscheidungen. http://www. bundesverfassungsgericht.de/entscheidungen/cs20080703_2bvc000107. html.

Der Bundeswahlleiter. 2017. "Wahl zum 19. Deutschen Bundestag am 24. September 2017. Heft 3: Endgültige Ergebnisse nach Wahlkreisen". https://bundeswahlleiterin.de/dam/jcr/3f3d42ab-faef-4553-bdf8-ac089b7de86a/btw17_heft3.pdf

Der Bundeswahlleiter. 2020. "Endgültige Sitzberechnung und Verteilung der Mandate bei der Bundestagswahl 2017". https://www.bundeswahlleiter. de/dam/jcr/dd81856b-7711-4d9f-98dd-91631ddbc37f/btw17_ sitzberechnung.pdf.

Der Bundeswahlleiter. 2021. "Wahl zum 20. Deutschen Bundestag am 26.

September 2021. Heft 3: Endgültige Ergebnisse nach Wahlkreisen".
https://www.bundeswahlleiter.de/dam/jcr/3f3d42ab-faef-4553-
bdf8-ac089b7de86a/btw17_heft3.pdf

European Commission for Democracy through Law. 2017. "Report on
Constituency Delineation and Seat Allocation". https://www.venice.coe.
int/webforms/documents/default.aspx?pdffile=CDL-AD(2017)034-e

Hawkins, Oliver. 2016. "Scottish Parliament Elections: 2016". https://
commonslibrary.parliament.uk/research-briefings/cbp-7599/

House of Commons Library. 2016. "Scottish Parliament Elections: 2016".
https://researchbriefings.files.parliament.uk/documents/CBP-
7599/CBP-7599.pdf

mbl.is. 2022. "Úrslit Al Þ ingiskosninga í september 2021". https://www.mbl.
is/frettir/kosningar/results/

Statistics Norway. 2018. "Storting election". https://www.ssb.no/en/valg/
statistikker/stortingsvalg

Sveriges Riksdag. "Elections to the Riksdag". https://www.riksdagen.se/en/
how-the-riksdag-works/democracy/elections-to-the-riksdag/

경제정의실천시민연합. 2022.『2022 지방선거진단1: 기초의회 선거구별 당
선현황 분석』. https://ccej.or.kr/posts/M9tG8b

자치법규정보시스템. https://www.elis.go.kr/sysinfo/alrStatList

중앙선거관리위원회 선거통계시스템. http://info.nec.go.kr

지방재정365 지방재정통합공개시스템. https://www.lofin365.go.kr/

행정안전부 국가기록원. https://theme.archives.go.kr/next/localSelf/process.do

행정안전부 주민등록 인구통계. https://jumin.mois.go.kr/

헌법재판소 2023.7.20. 2019헌마1443등 결정. https://isearch.ccourt.go.kr/

 1991년 지방의회 부활과 1995년 민선 자치 도입으로 우리의 지방자치는 새로운 전기를 맞았고, 2021년 「지방자치법」 전면개정을 통해 비로소 지방자치와 분권의 지방시대가 본격적인 틀을 갖추게 되었다. 그러나 지방자치가 안정된 토대 위에서 발전하기 위해서는 여전히 많은 과제들이 산적해 있다. 강(强)시장-약(弱)의회 체제의 지속, 의회의 중앙정치 예속화, 집행부에 대한 견제와 감시 기능 약화 등으로 지방의회의 권한과 재원은 미약하다. 거대 양당체제는 견고하고, 소수정당은 거대 정당의 독주를 견제하고 대안적 정치세력으로 자리매김하기에는 여전히 부족하다. 극단적 양당체제는 우리 사회의 다양한 균열을 대표하지 못해 정치 양극화를 심화시키고, 자치와 분권을 제한하는 구조적 원인으로 작용한다.

 자치와 분권이 보장되는 다원적 민주주의를 지방정치에서 구현하기 위해서는 정당 스펙트럼의 확대가 필수적이다. 지역의 다양한 가치와 이익을 표방하는 정당이 '유의미하게' 존재하는 정당체제의 형성이 필수적이다. 의회 다양성 확보 없이는 주민의 의사를 적실성 있게 반영할 수 없다. 청년, 젠더, 노인, 환경 등의 이슈를 내건 정당들이 민의를 고르게 대변할 수 있어야 한다. 정당설립요건 완화, 교섭단체 구성 요건 완화, 지역정당 창당 허용, 국고보조금 배분방식 개선 등을 통해 다양한 정책과 가치를 추구하는 정당들의 성장기반을 강화하고, 이들 정당의 원내 진입에 우호적 환경이 구축되도록 해야 한다. 현행 5% 봉쇄조항도 대폭 하향조정되어야 한다. 정당공천제는 유지하되, 소수정당 간 연합공천을 허용할 필요가 있다.

현행 강(强)시장-약(弱)의회형이 갖는 집행기관과 의결기관 간 비대칭성과 불균형은 의회사무인력 증원 및 전문성 강화, 의회비 비중 확대를 통해 해소해야 한다. 또한 거대 정당의 상임위원회 위원장 독점을 막고 소수정당에도 위원장직이 돌아갈 수 있도록 일정한 배분 산식 적용을 제도화할 필요가 있다. 지방자치단체의 장 선출 방식으로는 유권자의 선호를 적실성 있게 반영할 수 있는 선호투표제를 고려해볼 수 있다. 다만, 제도 운용의 효율성과 선호투표제 도입 취지를 고려하여 선호 표기의 범위를 2인 또는 3인으로 정할 수 있을 것이다.

광역의회의원 선거제도는 다양성 보장을 위해 비례대표의 규모와 비율 확대를 전제로 연동형과 병립형을 절충한 권역별 복합형 선거제도를 도입한다. 권역별 복합형은 비례성을 제고하는 동시에 정당 간 합의 가능성을 높일 수 있는 방식이다. 기초의회의원선거는 4인 이상 선거구제의 전면 실시로 다양성을 촉진할 수 있는 기반을 마련해야 한다. 중대선거구제 확대 실시로 유권자의 다양한 의사와 이익이 대표될 수 있도록 하는데 중점을 두어야 한다.

의회 다양성 확보는 유권자의 선택 폭을 넓히고 정책선거를 추동할 수 있는 유인으로 작용하는 질적 변화를 의미한다. 특정 거대 정당만 대표되는 구조를 탈피하여 다양한 정당 간 경쟁구도가 조성될 때 비로소 지역유권자의 민의를 충실히 반영할 수 있는 진정한 의미의 '자치'가 가능할 것이다.

한국 지방자치의 현주소와 개혁 과제

초판 1쇄 인쇄 2024년 4월 1일
초판 1쇄 발행 2024년 4월 10일

지 은 이   김종갑
발 행 인   한정희
발 행 처   경인문화사
편   집   김윤진 김지선 유지혜 한주연 이보은
마 케 팅   하재일 유인순
출판번호   제406-1973-000003호
주   소   경기도 파주시 회동길 445-1 경인빌딩 B동 4층
전   화   031-955-9300   팩   스   031-955-9310
홈페이지   www.kyunginp.co.kr
이 메 일   kyungin@kyunginp.co.kr

ISBN 978-89-499-6796-7 03340
값 16,000원

ⓒ 김종갑, 2024

저자와 출판사의 동의 없는 인용 또는 발췌를 금합니다.
파본 및 훼손된 책은 구입하신 서점에서 교환해 드립니다.